父母不是溫室，孩子也並非花朵！
過度養育讓孩子變得脆弱無能，
該如何正確去愛，才能讓孩子成長茁壯？

陳文姬 著

名為 Love Cage 愛的囚籠

別讓錯誤的教育成為孩子的枷鎖

◎過高的期望，帶來孩子的無望
◎過度的保護，帶來孩子的無能
◎過多的指責，帶來孩子的無措

你的愛，是孩子人生的助力還是絆腳石？
跳脫傳統育兒迷思，培養孩子真正的能力與智慧

樂律

目 錄

前言 　　005

第 1 章
過度養育 —— 付出愛，卻是害 　　009

第 2 章
清單式童年 —— 孩子已日漸枯萎 　　039

第 3 章
直升機父母 —— 不能控制孩子的一生 　　065

第 4 章
好的教育 —— 讓孩子成年又成人 　　091

第 5 章
別插手 —— 讓孩子自由成長 　　125

目錄

**第 6 章
社交能力──
孩子要習慣人群，將來才會合群**　　151

**第 7 章
孩子不是為父母讀書，而是為自己**　　177

**第 8 章
限制孩子，其實就是一種壓迫**　　213

**第 9 章
接納不完美──
過多期待會毀掉孩子的自我認同**　　239

**第 10 章
原生家庭──解開束縛在孩子身上的枷鎖**　　263

前言

　　幾年前，一則「48 歲名校『海龜』博士宅家啃老」的新聞引發了熱議。

　　48 歲的大衛從小成績就很好，大學在頂大就讀，畢業後又順利進入了加拿大名校滑鐵盧大學，並拿到了工程碩士學位。然而，這樣一位「學霸」，卻在回國後便一直宅在家裡啃老，白天睡覺，晚上打遊戲，過著向尿毒症母親討錢過生活的日子。

　　身心俱疲之下，母親不得不將大衛告上了法庭，希望以此逼迫他工作。

　　面對媒體，母親坦言，是自己的過分溺愛，毀了孩子的前途，那句「他樣樣都是現成的，依賴慣了」，值得所有父母警醒。

　　事實上，在我們身邊，以愛之名替孩子包辦一切的父母還有許多，他們總是抱有「等孩子長大後自然就獨立了」的教育理念，過度溺愛孩子，替孩子規劃一切，打著愛孩子的旗號，讓孩子成為自己的附屬品，卻不知道，他們替孩子走的路，最後都變成了陷阱。誠然，愛孩子是父母的天性，每一位父母都希望自己的孩子能健康快樂地成長，成為在社會上

前言

具備競爭力的優秀人才。可是，如何愛，卻非常值得我們思考。那種「含在口裡怕化了，捧在手裡怕摔了」的過分溺愛，那種替孩子規劃好一切的過度養育，那種不肯放手讓孩子獨立成長的教育方式，只會扼殺孩子的天性、束縛孩子的手腳、為孩子戴上沉重的枷鎖，讓孩子變得膽小脆弱、無法面對生活的壓力與挫折，甚至誤入歧途。

世間所有的愛都是為了相聚，唯有父母對孩子的愛是為了分離。一個合格的父母，應該摒棄所謂的「經驗」，卸下父母的「權威」，學會考量孩子的實際情況，早日讓孩子獨立走上成長之路，獲得價值感和存在感。

在養育孩子這件事上，過程一旦錯了，結果也會是錯。俗話說，羅馬不是一天建成的，喪失生活能力的巨嬰也不是一天養成的，而飛天的鳳凰更不是。要明白，這世上沒有教不好的孩子，只有不會教的父母。養育孩子是一項課題，只有掌握了正確的方法，才能培養出優秀的孩子。

本書圍繞家庭教育中的常見問題，透過分析生活中常見的育兒場景，深刻剖析了父母普遍存在的育兒失誤以及正確育兒的重要性，為父母們舉案說「法」，並系統地提出了能夠讓孩子變得越來越優秀的教育方案，以期幫助到更多迷茫的父母。

本書採用了大量案例，貼合實際，更貼合現代教育理念，語言通俗易懂，案例真實全面，方法切實可行，值得每一位父母借鑑。

　詩人紀伯倫在〈孩子〉這首詩中寫道：「你的孩子其實不是你的孩子，他們是生命對於自身渴望而誕生的孩子，他們藉助你來到這個世界，卻非因你而來……因為他們的靈魂屬於明天，屬於你做夢也無法到達的明天。」

　父母們，是時候將成長的權利交給孩子了，要知道，你們替孩子走的路，最後都成為了孩子人生中的陷阱！

前言

第 1 章
過度養育 ──
付出愛,卻是害

　　每個孩子都是父母的心頭肉,在孩子成長的過程中,父母總是事無鉅細地為孩子安排好一切,含在嘴裡怕化了,捧在手心怕碎了。殊不知,教養孩子的最大謬誤便是打著愛孩子的旗號,過度養育。

　　孩子的成長是循序漸進的,正如溫室的花朵也需要風雨的洗禮與陽光的照射一樣,孩子的成長也離不開生活的磨礪。付出愛,卻是害,父母過度的養育,不僅不會促進孩子的茁壯成長,還容易造成孩子依賴性強、膽小怕事、負面脆弱等性格。

第1章　過度養育—付出愛，卻是害

過度養育使孩子缺少基本生存能力

所謂過度養育，是指父母在孩子的成長過程中干涉過多，導致雙方的生活都受到了一定的影響。過度養育不僅會讓孩子產生一種強烈的依賴心理，造成孩子缺乏基本的生存能力，還會對其今後的人生造成嚴重的影響。

下面，我們來看一個過度養育的故事，或許你能有所啟發和警醒。

今年27歲的方凱，從小到大一直都是學霸級的人物，大學就讀的是國內排名前十的名牌大學，還曾是學校的風雲人物。

可就是這樣一個曾經處處優秀的孩子，現在卻天天待在家裡上網玩遊戲，過著衣來伸手、飯來張口的日子，好吃懶做，靠著年邁的父母養活著。因從小習慣了父母對自己事情的包辦與依賴，方凱至今仍不能獨立生活。

大學畢業找工作，就業形勢嚴峻的現實讓他屢次碰壁，難以應對，反而是他的父母比他這個當事人還著急，不停地替他穿梭在大大小小的應徵現場，一手操辦了本該是方凱自己需要完成的事情。以至於他自己除了在家等工作消息外，就是渾渾噩噩地上網玩遊戲，對就業、對成家更是沒有絲毫的緊張感。父母一直供他吃喝，馬不停蹄地為他找工作，甚至幫他介紹女朋友，他卻完全像個局外人般不操任何心。

過度養育使孩子缺少基本生存能力

儘管學業優秀，但應徵企業卻不願意錄用這樣一個已經成年的「孩子」，而女孩也不想找一個連自己都沒法養活的「巨嬰」，以至於大學畢業五年的方凱仍然做著「啃老一族」，依然混吃混喝、得過且過，只是他的父母卻早已疲憊不堪。

人們常說：播下行為的種子，你就會收穫習慣；播下習慣的種子，你就會收穫性格；播下性格的種子，你就會收穫一生的命運。顯而易見，孩子成人後的行為表現，都是父母當初所種下的因。

一些父母在教養孩子時，過多的包辦與照顧，過度的養育，使得很多孩子缺乏主見，遇事難以抉擇，從小便缺乏對事物的創造力、主動性、責任感及抗壓能力，更不會處理複雜的人際關係，事事依賴他人而無法真正地獨立起來。這樣做並不是「愛」孩子，而是在「害」孩子。這也是為什麼越來越多的家長成了孩子眼中的「保母」、「靠山」和「保護神」的原因。

而一個人的行為習慣一旦養成，是很難輕易改變的，小時候習慣了依賴父母，即使長大成人也還是會依賴父母、依賴朋友、依賴身邊能幫助他的人。踏入社會後，當然也是難以承擔重任，無法成為有所成就的一類人。

事實上，很多父母並不希望自己的孩子有很強的依賴性，卻無奈理想很豐滿，現實很骨感，雙重的差距總是讓人遺憾，很多父母過度教養的教育方式在不知不覺中，已經讓

第 1 章　過度養育─付出愛，卻是害

自己的孩子形成了依賴的心理。

一般來說，過度養育有最基本的三種行為表現：

一是對孩子過度保護，杞人憂天地擔心孩子會出事。

二是對孩子過度幫助，內心總擔憂孩子的能力不足而不能小心應對。

三是代替孩子做決定，以自己多年累積的經驗來左右孩子的想法，覺得孩子離開了自己就會犯錯。

父母應該明白，孩子的成長是循序漸進的，正如溫室的花朵也需要風雨的洗禮與陽光的照射，只有讓孩子一步一步學會獨立，家長學會放手，孩子才能逐漸成長，慢慢地尋找到屬於自己的一片天地。家長對孩子的過度養育，不管是事無鉅細的照顧還是對孩子完美的高度期待，都將阻礙孩子真正「成人」──成為獨立面對世界的成年人、找到自我的人、充滿快樂而自信的人。

日本教育家真鍋博先生認為讓孩子去做從未接觸過的事情，意義是非常深遠的。他說：「讓孩子接觸一些從不知曉的新鮮事物，不僅可以增加他們的感受與知識面，而且藉此機會還可以培養孩子的持久力或忍耐力，養成勇於面對困難與挑戰的堅毅個性。」

父母應從自身做起，從「保母」、「靠山」、「保護神」的形象中率先走出來，讓孩子放棄對自己的依賴，學會獨立行

> 過度養育使孩子缺少基本生存能力

走。任何事情都不是一蹴而就的，要想培養孩子的獨立性，摔跤是在所難免的，也只有在摔跤的過程中，孩子才會逐漸掌握生存的能力與技巧，才能逐漸適應如今這個快節奏的時代。

據美國華盛頓大學 2014 年的一項研究資料顯示，那些被過度養育出來的大學生，成人後會對家庭生活不滿意，心情悲觀，而且罹患憂鬱症的機率也會高於其他人。因為沒有主見的他們在踏入社會後，會難以承受嚴峻的生活考驗與就業壓力，缺乏最基本的生存能力，甚至都不能養活自己。

說到這裡，我想問一下大家：這樣的孩子是你教養的初衷嗎？我相信沒有一個父母願意自己的孩子一事無成、碌碌無為。

既然不願意，那麼身為父母就要養育有度，讓孩子學會獨立，讓他不依賴他人。

不依賴他人最明顯的行為特徵就是讓孩子「自己的事情自己做」，這簡單的八個字，才是為人父母對孩子最大的負責。要知道，「巨嬰」不是一天就能養成的，飛天的鳳凰更不是。家長只有學會放手，讓孩子學會自己的事情自己做，他才會在做事的過程中感知社會、了解自己，掌握生存技能，慢慢地學會承受社會各界的壓力，並懂得權衡利弊，在逆境中迎難而上，在迷茫時堅持初心，勇於面對一切困難和挫折。

第1章 過度養育─付出愛,卻是害

也只有擁有了這樣獨立自主的思考能力,孩子才不會在面對生活的困難時,惶恐不安、不知所措;才不會在遇到失敗與打擊時,脆弱得不堪一擊、萎靡不振,快速地逃回父母的懷抱尋求保護與安慰。

在孩子的成長中,什麼樣的養育方式才是最正確的,借用泰戈爾的一句詩來回答:「讓我的愛,像陽光一樣,包圍著你,又給你光輝燦爛的自由。」

讓孩子獲得自我掌控感

著名的黎巴嫩詩人紀伯倫在〈孩子〉這首詩中有一段話是這樣說的：「你的孩子其實不是你的孩子，他們是生命對於自身渴望而誕生的孩子，他們藉助你來到這個世界，卻非因你而來……因為他們的靈魂屬於明天，屬於你做夢也無法到達的明天。」這一段經典的話，可謂全面而深刻地詮釋了家庭教育中父母與孩子的教育體系，同時也告訴我們，世間的愛都是以相聚為最終目的，卻唯有父母對子女的愛是以分離為目的。

喜歡放風箏的人都知道，只有手中不停地放線，才能讓風箏飛得更高更遠，翱翔於廣闊的天空。但在許多家庭教育中，很多父母卻往往背道而馳，愛孩子的同時把生活重心全轉向了孩子，以至於內心深處無法接受「孩子已經長大，逐漸獨立自主，需要獲得自我掌控感」的事實，還妄想像小時候一樣牢牢地控制孩子的思想和行動。

家庭教育的最大謬誤就是父母打著愛孩子的旗號，而行控制之實。從小不放手，長大難獨立。正如古羅馬詩人賀拉斯（Horace）所說：「孩子總是要離開父母的，既然如此，那麼身為父母為何不早點放手讓孩子按自己的意願去生活呢？」

第1章 過度養育—付出愛,卻是害

真正愛孩子就應該放手讓孩子過自己的生活,尊重他們的選擇,讓孩子從中獲得自我掌控感。事實上,也只有父母大膽放手,讓孩子自己動手操作、自己經歷生活的酸甜苦辣,才能更好地促進他們的成長和發展。

知之非難,行之不易,對於很多父母而言,對孩子放手並不是一件輕而易舉就能實現的事情。因為放手不易,放心更難。很多父母把孩子當作生命的全部,全心全意地寵愛著自己的孩子,卻從沒有尊重過孩子的意願與想法。這樣的例子生活中比比皆是,比如說在孩子的學習上,父母總是想當然地替孩子做決定,認為上才藝班能為孩子將來的升學考試加分,於是就不顧孩子喜歡與否而一味地強迫孩子去學。如此一來,父母在不知不覺中便剝奪了孩子獨立成長的機會,遏止了他們渴望自我掌控的萌芽。

誠然,父母的初衷都是好的,內心都希望孩子能有一個光明而美好的未來,但卻很容易陷入一種思想謬誤當中:我認為好的生活,才是你應該要過的生活。把自己的想法與意願強加到孩子身上,卻漠視了孩子自主選擇的權利。

我們先來看一個案例。

嘉玲已經12歲了,從小她便在父母的精心呵護下長大,除了讀書,父母幾乎不讓她做任何事情,因為他們會把一切事情都替女兒安排妥當。當然,隨著年齡的增長,嘉玲對父

> 讓孩子獲得自我掌控感

母的很多安排是非常反感的,她不想父母總是把自己當小孩子對待,也不想讓同學們嘲笑自己,內心更渴望能獨立自主。

於是,她決定從最簡單的上學這件事情做起,勇敢邁出獨立的第一步。畢竟從家到學校的路程,她都已經爛熟於心了,更何況路上還有其他同學作伴,所以也沒什麼好擔憂的。

可是,當她把這個想法告訴每天接送自己上學的爸爸時,卻遭到了強烈的反對:「從家裡到學校的路段人潮和車流量這麼大,而且妳一個女孩子,萬一路上遇到壞人怎麼辦?」媽媽聽說後也在一旁幫腔:「這路上人多車多,如果發生意外怎麼辦?我們會很擔心的,所以還是讓妳爸爸繼續送妳上學吧!」

最終,嘉玲還是妥協了,依然每天在爸爸的「保護」下上學。

渴望獨立、渴望獲得自我掌控感是孩子的天性,與生俱來。如果父母一味地限制和束縛孩子,違背他們的意願,其實就是在畫地為牢。雖然他們愛孩子,卻捨不得讓孩子動手做任何事情,給予孩子過分的寵愛與保護。

俗話說「慣子如殺子」,你愛孩子,以孩子為前提,什麼最好的都給孩子,可是身為父母,你有想過溺愛帶來的危害嗎?孩子在成長的過程中,也是需要自我掌控感和成就感的。

第1章　過度養育─付出愛，卻是害

父母應該盡量地多提供孩子鍛鍊自我獨立的機會，這樣孩子才能夠在自我獨立的意識中增加自己的責任心與成就感，才會不斷地發現生活中的樂趣，獲得更多鍛鍊自己的機會。

那麼，身為父母，要如何保護和尊重孩子渴望獨立以及自我掌控的意願呢？

1. 鼓勵孩子自己動手

動手能力是孩子適應社會最基本的行為能力之一，同時也是父母教育孩子最主要的目的。孩子最終會長大成人離開父母，走向社會，既然終有一別，為什麼不讓他早點成長呢？

很多父母總喜歡把已經長大的孩子當成幼小的孩子來呵護，其實不然，隨著年齡的逐漸增長，孩子的獨立意識與處理事情的能力也會增強。所以，父母不妨鼓勵孩子學會自己動手，來鍛鍊孩子的自我生存能力。

2. 適時地讚美孩子的獨立行為

很多孩子之所以過多依賴父母，皆是因為父母事事包辦。所以，家長在鼓勵孩子動手的同時如發現孩子有獨立行為時，也別吝於對孩子的讚美。要知道讚賞是對孩子最好的鼓勵，適當的讚美，不僅可以強化孩子的獨立行為，更能讓孩子獲得自我掌控感。

3. 提高孩子獨立解決問題的能力

孩子由於閱歷與知識有限,所以在某些方面處理問題時無法像成人一樣得心應手。因此,在幫助孩子解決問題時,父母不妨多用心傾聽孩子的想法,給予適當的指導與幫助,讓孩子學會勇敢地面對並合理地解決問題。這樣不僅可以提升孩子獨立解決問題的能力,更能滿足孩子渴望獲得的自我掌控感。

其實,在家庭教育中對孩子學會放手也是負責任的父母所應具備的一種能力。「父母之愛子,則為之計深遠。」身為父母,對孩子的關愛不僅要體現在對孩子眼前生活的關注上,更要以長遠的目光去聯想到孩子的「詩和遠方」。所以,唯有放手,讓孩子獲得自我掌控感,才能讓孩子在成長的道路上更好地披荊斬棘勇往直前。

第 1 章　過度養育─付出愛，卻是害

過度保護導致孩子膽小不自信

　　常常聽到很多父母抱怨：「孩子越長大反而越膽小自卑，見到陌生人時容易躲避，甚至在面對自己喜歡的東西時也不知道去爭取……」

　　面對孩子的這些表現，一些父母總是愁苦不堪，埋怨自己的孩子沒出息。他們總是認為這都是孩子自己的問題，卻很少從自身去尋找原因。事實上，孩子行為習慣與性格的養成都與父母平時的教育有著密不可分的關係。可以說，許多孩子行為中所表現出來的拘謹都可以追溯到孩童時代。如果孩子的拘謹與膽小在兒時沒有得到有效的解決，那麼，這種膽小怕事、不合群、不敢主動與他人交往的個性將會極大地阻礙他們今後在事業上的進步與成功。即使有的孩子長大後能憑藉著聰明的才智與過人的一技之長而嶄露頭角，但最終也會因為不善於處理人際關係而在人生的道路上經歷困難與挫折。

　　身為父母，你是否有想過，孩子之所以產生這些行為，很有可能是因為你的過度保護而造成的。隨著生活水準的提高，很多父母不想讓孩子再經歷自己曾經吃過的苦，於是對孩子保護過度，可謂是捧在手裡怕摔了，含在嘴裡怕化了，什麼都不讓孩子動手。比如孩子想打掃家裡，父母會說「你

過度保護導致孩子膽小不自信

掃不乾淨,放著吧」;孩子想自己洗衣服,父母就嚷嚷「還是別洗了,免得把水灑得到處都是」。殊不知,這些看似細微的小事,都會打擊到孩子的信心,讓孩子缺乏嘗試與鍛鍊的機會,從而導致孩子膽小不自信。

說到這裡,我們先來看一個案例,或許你會從中得到啟發。

身為獨生女,麗麗可謂是集萬千寵愛於一身的小公主。除了父母無微不至的照顧外,爺爺奶奶更是把麗麗寵上了天。對於麗麗的一切,他們秉著能幫忙做就幫忙做的態度,幫麗麗整理書包、收拾書桌,幫麗麗擠牙膏、擰毛巾、穿衣服等,忙得不亦樂乎。雖然麗麗家與學校的距離只有一牆之隔,但她從上幼兒園到小學畢業,都沒有一個人單獨上學、放學過,都是由爺爺奶奶負責接送的。在結束了無憂無慮的小學時光後,麗麗今年便升上了國中。由於學校離家較遠,所以麗麗便只能選擇住校。

但是自從上了國中後,麗麗卻一點也高興不起來。因為從小受到萬般寵愛,所以導致麗麗的自理能力很差,再加上受到一些同學的排擠與嘲笑,麗麗的內心逐漸變得越來越膽小不自信。一次下課時間,端著水杯的麗麗不小心將水灑在了一位同學身上,還沒等麗麗開口道歉,那位同學便氣呼呼地大聲嚷嚷了起來:「沒長眼睛嗎?走路也不知道看一下。」

看著對方凶惡的態度,麗麗的心裡害怕極了,連說話都開始變得結巴:「對⋯⋯對不起⋯⋯,我真的⋯⋯」那名同

第1章 過度養育─付出愛，卻是害

學看麗麗磨磨蹭蹭的，便更加不滿地說：「還不快點擦乾淨，要是將我的書弄溼了，我就去告訴老師！」

「嗚嗚……嗚嗚……」麗麗一邊委屈地哭，一邊連忙拿出紙巾擦了起來。雖然她內心覺得自己很委屈，卻又不敢反抗同學，只能默默地吞嚥著自己的淚水。

案例中的麗麗之所以膽小不自信，主要原因還是在於家庭環境的影響與其所受到的教育方式，是家人的過度保護。生活中，很多父母過分嬌寵孩子，事事包辦代替，不讓孩子單獨外出、不讓孩子與同齡人接觸、不讓孩子做一些力所能及的事情，這樣做的後果不僅導致孩子缺乏與他人交往的能力，還會讓孩子喪失鍛鍊的機會。

孩子膽小不自信，其性格的形成很大一部分原因是出在家長身上，與父母的言傳身教有著莫大的關係。正所謂「解鈴還須繫鈴人」，當孩子有膽小不自信的表現時，父母一定要重視，並找出孩子膽小怕事的具體原因，給予安慰與幫助。在日常生活中注意培養孩子的獨立性，並運用正確的教育方法，做到愛中有嚴、嚴中滲愛、鬆緊有度，鼓勵孩子去做力所能及的事情，鍛鍊孩子的生活自理能力，幫助孩子樹立改變膽小性格的信心，循序漸進地塑造孩子健全的人格，這才是父母對孩子最持久的愛。

因此，在正常的生活情況下，父母請不要過度保護孩

> 過度保護導致孩子膽小不自信

子,以免孩子在你的羽翼下失去自我,變得膽小不自信。一定要認真正視孩子的膽小,耐心引導幫助孩子脫離膽小的侵害,蛻變成勇敢、堅強的孩子。

具體怎麼做,希望以下幾點能對你有所幫助:

1. 父母要改變教育觀念

過度保護的教育觀念是造成孩子性格軟弱、膽小怕事的誘因之一。當孩子在父母過度的保護與溺愛中成長時,就會逐漸喪失獨立自主的意識與自理能力,變得懦弱而膽小,以至於遇到突發情況時,會變得束手無策、一籌莫展。

由此可見,要想讓孩子變得勇敢與堅強、充滿自信,父母首先要做的就是改變自己的教育方式,用愛和包容又不失原則的教育方式,教育出身心健全、品格優良的孩子。

2. 讓孩子獨自做事,增加孩子的勇氣

很多父母擔心影響孩子的課業,擔心孩子受到傷害,總是喜歡形影不離地圍著孩子轉,導致孩子內心形成一種強烈的依賴心理,只要家長不在身邊就會感到害怕,變得膽小不自信。所以,不包辦孩子自己能做的事,讓孩子學會獨立自主地做事,不僅是對孩子自身潛能的發掘,更會增加孩子的勇氣與信心。

第 1 章　過度養育─付出愛，卻是害

3. 父母要給予孩子適當的讚美和鼓勵，從而增強他們的自信心

　　讚美和鼓勵孩子是家長送給孩子最好的禮物。一位名人曾說：「如果孩子生活在鼓勵中，他便會學會自信。」父母在尊重孩子自然成長規律的前提下，採用多傾聽、多讚美、多鼓勵、多回應的四多方式來支持孩子，不僅可以有效地增強孩子的自信心，更有助於養成孩子樂觀開朗的性格。

　　人生路上，父母是孩子的第一任老師，更是孩子心靈的支持者，因此，父母應摒棄過度保護的教育觀念，不過多包辦代替、不過度保護溺愛、不過多干涉指責，讓孩子能獨立適應各種事物的發展，增加自己的閱歷與經驗，從而增強自信並改變膽小懦弱的性格。

孩子需要體驗生活的機會

俗話說「生容易，活容易，生活不容易」。生活，從來都不是一帆風順的，人生路上荊棘與苦難同樣會與你結伴同行。可以說沒有感受過艱辛、沒有經歷過苦難的人生，皆是不完整的人生。不管家庭富裕或貧窮，父母都應該讓孩子擁有體驗生活的機會，鍛鍊、提高孩子適應社會的能力，幫助孩子更好地成長。

現在的孩子大多從小便過慣了飯來張口、衣來伸手的生活，由於家人過分的寵愛，使得他們缺乏吃苦耐勞的特質，更沒有機會去親自體驗生活。要知道有些事物孩子若不親身去感受，是永遠無法感知它的美好與「功效」的！孩子的內心世界就猶如一張潔白的紙，父母若只讓孩子在紙上畫黑白畫，而不塗上任何色彩，那麼孩子便感受不到生活的酸甜苦辣，是很難懂得感恩的。

一位兒童心理學家說：「有幸福童年的人常有不幸的成年。」所以，為了孩子之後的人生幸福，父母要做的就是從小提供孩子感受的機會，讓孩子體驗生活。泰國前總理說，在他的小女兒剛剛結束大學考試後的假期裡，他就主動將她送到麥當勞去打工，目的就是想讓孩子在充滿誘惑的現代社會中，親身體會生活的艱辛，培養孩子的責任感與自立能

第1章　過度養育－付出愛，卻是害

力。而他始終堅信，多年以後女兒一定會對這次的打工經驗記憶猶新，並感恩父母的良苦用心。

雖然，從當時的情況來看，他的做法是殘忍了一些，放著優渥的條件不讓孩子去享受，反而讓孩子去吃苦。但實際上，從孩子的長遠發展來看，父母放手，在孩子力所能及的範圍內，為孩子創造一些體驗生活的機會，讓孩子從中認知到生活的不易，進而逐漸成長為一個樂觀堅強、懂得感恩、擁有豁達心態的人，這何嘗不是一件兩全其美的好事呢？

朱自清先生曾就父母要懂得對孩子放手的問題說過：「要讓孩子在正路上闖，不能老是讓他們像小雞似的在老母雞的翅膀底下，那是一輩子沒出息的。」由此可見，孩子的生活是需要體驗的，而父母能做的就是學會放手，替孩子創造一些體驗生活的機會。

曾聽過這樣一件趣事，某小學國語老師指派了一篇作文作業，題目是〈我做了一件好事〉。等作文全部交上來後，老師發現班上 40 名學生中，竟有 35 人寫的是在路上撿到錢，交給了警察叔叔；剩下的幾位同學寫的是坐車讓座與幫老人家過馬路……這不得不讓人感嘆「路上錢真多」，更讓人意想不到的是 20 年前父輩們寫的作文模式，到了如今的 21 世紀依然還在延續著。

難道說孩子們真是「貧乏」到了沒有生活內容可寫，只會

孩子需要體驗生活的機會

編撰千篇一律「老掉牙」故事的地步了嗎？但仔細想想，這一切真的能怪孩子嗎？

現在很多父母為了一己私欲，盲目拿孩子的成績與特長來比較，更為了不讓孩子輸在起跑點上，不停地替孩子報各式各樣的補習班、才藝班。而孩子人生中最無憂無慮的年少時光，幾乎都被英語、數學、舞蹈、鋼琴、繪畫等「侵占」得滿滿的，哪有時間去體驗生活，哪有機會去探尋人生的美好呢？甚至連最平常不過的上下學路上和同學聊聊天、看看路邊的風景、感受一下人來人往快節奏生活的權利都被剝奪了。而父母不想讓孩子單獨行動時總有著層出不窮的各式理由，比如馬路上車多、人多的地方壞人多、不安全等，所以讓孩子單獨玩耍，體驗生活的機會從來都不在他們考慮的範圍內。

反之，父母卻是每天不停地在孩子耳邊嘮叨這個很危險不能做、那個太髒了不能碰，這種單調而貧乏的生活，不僅導致孩子的思想受到禁錮，更磨滅了他們對美好生活的熱情與嚮往。生活需要體驗，孩子需要感受的機會，父母應該學會懂得放手，讓孩子去親近大自然，去感受生活的酸甜苦辣。

某所小學的一位一年級老師，在新生入學不久後便發現了一件讓她驚愕卻又好笑的事情。

第1章 過度養育—付出愛，卻是害

某天午餐時，學校廚房供應了新鮮好吃的時令水果——柳丁。很多孩子都很喜歡吃這種水果，但怪異的是有幾個孩子卻選擇了拒絕，理由竟是他們不知道怎麼吃柳丁。

「不會吃柳丁？」老師以為是自己聽錯了，再次確認道。

「老師，這樣子的柳丁我不會吃，妳可不可以幫我把柳丁皮剝下來，然後把果肉切成一塊一塊的？」其中一個孩子認真地說。原來孩子每次在家吃柳丁時都是家人把皮剝好，再切成小塊才給他吃的。

「不行，老師不能幫你剝皮，不過老師可以教你怎麼吃柳丁。」老師一邊拒絕了孩子的請求，一邊抓起了孩子稚嫩的小手，一步步地教那幾個不會吃柳丁的孩子如何剝掉外面的柳丁皮，直接吃裡面汁多鮮美的果肉。

「老師，我的手黏糊糊的，很髒呢！」黃黃的柳丁汁流到了孩子的手上，其中一個孩子對老師說。看著孩子那一臉不諳世事的表情，老師忍不住笑了起來，原來孩子不願動手剝柳丁皮，竟是害怕手上那種黏糊糊的感覺。

「沒關係，吃完洗手就好了，別擔心！」有了老師的保證，孩子才放下心來繼續剝著柳丁皮。

上了小學的孩子，竟然不會吃帶皮的水果？試問，父母到底剝奪了孩子多少體驗與學習的機會啊！就像新聞中報導的，上大學的孩子不會洗襪子、踏入社會的孩子不會獨立生活……生活中這樣的例子比比皆是。可父母怎麼不想想，用手剝帶汁的水果，體會那種黏糊糊的感覺，這何嘗不是一種

> 孩子需要體驗生活的機會

生活的體驗呢?手髒了,洗洗不就乾淨了嗎?沒什麼值得擔憂的。

父母要知道,你為孩子做的越多、代勞的越多,就代表你剝奪孩子體會生活的機會越多。父母不應該以愛之名,剝奪孩子原本應有的體會生活樂趣的機會,讓孩子失去生活的歷練。要知道你的溺愛只會讓孩子變成「語言上的巨人,行動上的矮子」,成為一個只會誇誇其談卻不會付諸行動的人。

俗話說「吃得苦中苦,方為人上人」。只有體會了生活的困苦與艱辛,孩子才能更早地獨立自主、堅強樂觀地笑對生活。所以,身為父母不應該過分地溺愛孩子,應學會早日放手,為孩子創造體驗生活的機會,讓他們從中體會生活的來之不易,學會做一個勇於擔當、內心強大、勇於戰勝一切困難和挫折的人。

第 1 章　過度養育—付出愛，卻是害

過度干涉會讓孩子失去成長空間

俗話說「生命的價值在於選擇」，但在家庭教育中，很多父母常常會忘記這一點。許多父母總是習慣性地過度干涉孩子、替孩子做選擇，他們總認為自己替孩子做出的選擇是不會錯的，是有利於孩子未來發展的，是以愛孩子為前提的。

只是，被愛矇蔽雙眼的他們不知道，自己替孩子所做的選擇越多、對孩子的干涉越多，將來對孩子的危害就會越大。在孩子沒有自我意識之前，父母可以什麼都替孩子做出選擇與安排，孩子只需要照做即可。可是當孩子漸漸長大，有了自我意識與思考能力後，再過度干涉孩子的行為、替他們做出選擇，孩子便會用行動來表達自己的反抗與不滿，而這就是父母口中常說的叛逆。

當然，過度干涉孩子的自由與選擇權，除了會引發孩子的叛逆行為，還可能造成孩子缺乏主見、產生依賴的心理。長期生活在這種喪失自主選擇權、被父母過度干涉的環境中，孩子會慢慢失去成長的空間，並造成性格的缺陷與心靈的扭曲。在孩子教育的問題上，也許每個家庭的方式都不相同，但毫無疑問的是，當父母打著愛的旗號，以「為你好」的名義來干涉孩子的思想與行為時，都會導致孩子在跌倒之後，無法憑藉自己的力量站起來，只能依賴於他人的攙扶和

過度干涉會讓孩子失去成長空間

幫助。而一味地依賴他人,將來踏入社會、踏入職場後,孩子便很容易身陷迷茫,失去人生的方向。

所以,要想讓孩子擁有獨立自主的選擇權,父母首先要把自由選擇的權利還給孩子,讓孩子自己做決定,不過度干涉孩子。當然,這樣的放手和不干涉並不是絕對的,父母應該給予孩子一些指導和幫助。

有研究顯示,一個懂得自己做選擇的孩子,比不會做選擇的孩子更加獨立和堅強。所以,在孩子成長的過程中,父母要懂得適當放手,不過度干涉孩子,讓孩子學會真正的獨立,健康成長。

我們先來看一個案例。

樂樂是家中的獨生女,在上小學之前一直都和爺爺奶奶生活在一起。爺爺奶奶對樂樂疼愛有加,呵護備至,平日裡更是不捨得讓樂樂吃一點苦,就連樂樂想主動幫奶奶打掃環境、挑菜,奶奶都會說:「這個不能做,那個不能做。」總之,不管樂樂想做點什麼,爺爺奶奶都會干涉她,不讓她自己動手。

6歲時,由於要上小學,樂樂回到了父母的身邊。可是在接回女兒後,樂樂爸媽卻發現女兒已經沾染上了一堆壞毛病。不管做什麼,自己都不動手,一定要讓父母為她代勞,並且還不願意與外面的小朋友接觸,嫌棄別人玩得太髒。

不僅如此,就連自己想看卡通片,樂樂都不願意主動去

031

第1章 過度養育—付出愛，卻是害

開電視，還一臉無辜地說：「那個有電，我會被電到的。」

雖然媽媽一再和樂樂強調家裡的電器開關是很安全的，並告訴她只要不用溼手碰觸就不會觸電，可是樂樂依然無動於衷，非要等著媽媽來幫她開電視。

看到女兒這樣，樂樂爸媽覺得只有早日幫孩子改掉這些壞習慣，才能讓孩子更好地獨立成長起來。於是，他們決定只要是樂樂力所能及的事情就都讓她自己做，誰也不要去幫忙，也不過度干涉她。就這樣，一年以後，樂樂已經完全改變了之前的不良習慣，不再事事依賴父母了，不僅獨立自主，在生活中更是變成了媽媽的小幫手，懂事並且乖巧。

著名的教育家陳鶴琴先生曾指出：「凡是孩子自己能做的，應該讓他自己去做；凡是孩子自己能夠想的，應該讓他自己想。」

教育孩子，父母首先要明確的一個問題就是：過度干涉，孩子會失去成長的空間。孩子不僅僅是你的孩子，他更是一個獨立的個體，終有一天他會離開你的懷抱去獨自生活。如果你什麼都替孩子做決定、做選擇，干涉孩子的自主選擇權，那無疑是捆住了孩子的手和腳、限制了他的行為能力，這樣做的後果是非常嚴重的。父母培養孩子，就是要讓孩子敢說、敢想、敢做，而不是一味地像個機械木偶似的順從你的意願去學習和生活。

> 過度干涉會讓孩子失去成長空間

身為父母,對孩子的教育要懂得張弛有度,要用心去聆聽孩子的內心需求,給予孩子一定的成長空間,讓孩子擁有獨立的個性。那麼,具體應該如何去做呢?

1. 懂得尊重孩子的意願

既然孩子有了獨立自主的意識,父母就應該摒棄高高在上的家長姿態,以一種平等的態度去尊重與接受孩子的想法與意願。即使有異議,父母也應以商量的口吻與孩子交流和溝通,而不是過度地干涉孩子。

2. 給孩子一個獨立的空間

不管貧窮或富裕,父母都應當為孩子創造一個獨立的空間,讓孩子在自己的獨立空間裡不受任何束縛地自由活動,並讓孩子自覺地養成獨立自主的性格與不依賴他人的堅強品格。

3. 遇到困難或衝突時,讓孩子自己面對與解決

遇到困難和衝突時,不要馬上試圖去干涉孩子或者幫孩子解決,只有讓孩子學會自己面對與解決,才能更好地幫助孩子成長,也只有歷經挫折與磨難,孩子才會擁有一顆沉著冷靜的心去處理一切困難。

第 1 章　過度養育—付出愛，卻是害

誠然,「望子成龍,望女成鳳」是普天之下所有為人父母共同的願望,但你必須明白,並不是每個孩子都能成龍或成鳳,過度干涉只會限制他們的行為能力,讓他們失去成長的空間。身為父母的你也需要不斷地自我反思,做到給孩子更好的愛,而不是全部的愛。

孩子成長的阻礙 —— 溺愛

有位著名教育學家曾經說過這樣一句話:「正是家長的溺愛,教會了孩子自私和不孝。」

難道孩子的自私、不孝是天生的嗎?非也!其實孩子自私、不懂得愛別人,很大一部分原因是父母對孩子過分地嬌慣、過度地寵愛,使孩子形成了為所欲為的性格,他們無度地揮霍著父母的愛,慢慢地就失去了愛的能力,不懂得愛自己和他人。

我們先來看一個案例。

琪琪的爸爸是一家知名企業的總經理,媽媽是大醫院的主任醫師,家境優渥的琪琪聰明漂亮、成績優異。在家裡,琪琪是爸爸媽媽的心頭寶,對於琪琪提出來的各種要求,爸爸媽媽都會滿足;而在學校裡,琪琪因為成績優異,所以深得老師的歡心。

在爸爸媽媽的溺愛下,在老師同學的讚美下,琪琪產生了一種高高在上、飄飄然的感覺。琪琪的爸爸媽媽對自己的女兒也是非常滿意,經常在別人面前稱讚自己的孩子,對此,琪琪很是驕傲,認為自己是最好的。漸漸地,琪琪形成了自傲、自滿、霸道、自私的性格。

在家裡,琪琪只要稍有不順就會對爸爸媽媽大發脾氣;

第1章 過度養育—付出愛,卻是害

與同學相處時,也總是炫耀,凡事都要表現,不懂得尊重同學,認為自己值得擁有最好的東西。慢慢地,同學們都開始疏遠她,就連下課時,也不願意和她一起玩。由於沒有朋友,琪琪只能一個人孤獨地站在一旁。

案例中琪琪的父母正是因為過度地寵愛琪琪,才導致她逐漸形成了霸道、自私自利的性格。在琪琪父母的眼裡,琪琪只是一個孩子,這些所謂的問題都不算問題,並沒有及時地對琪琪予以輔導和糾正。漸漸地,琪琪便認為凡事都是理所當然的,遇事不再考慮他人的感受,變得越來越霸道了。

現今,許多孩子都如案例中的琪琪一樣,是在父母的溺愛中長大的,有的孩子可謂是集萬千寵愛於一身,爺爺奶奶、外公外婆、爸爸媽媽圍著他轉個不停。有人說,孩子就像是一棵小樹苗,而父母對孩子的愛就是小樹苗生長所需要的養分,雖然小樹苗的生長離不開養分,但是過多的營養也會導致小樹苗消化不良,從而影響它的生長。

也就是說,在溺愛中長大的孩子是經不起風浪的。父母對孩子的愛,有時候應該放在心裡,即使表現出來也不要過度,要學會適度地關愛孩子,適當地讓孩子吃一些「苦頭」,適當地滿足孩子提出來的合理要求。為了孩子的身心健康,不能一味地溺愛孩子、遷就孩子、無條件地滿足孩子所有的要求,否則,父母的溺愛就會成為孩子成長的障礙。

> 孩子成長的阻礙—溺愛

　　每個孩子都是父母的心頭寶，從孩子呱呱墜地的那一刻開始，孩子的一舉一動便牽動著父母的心，衣食住行無一不百般呵護。這些父母過度地關愛孩子，孩子想要什麼就給什麼，想做什麼就做什麼，對孩子有求必應，殊不知，這種做法其實就是溺愛。這種在溺愛中長大的孩子，就猶如「小王子」、「小公主」一般，自私自利，不顧他人的感受，承擔不起屬於他們的責任。

　　溺愛是孩子成長的障礙。父母必須明白，溺愛只會讓孩子逐漸迷失自我，讓孩子形成一種錯誤的認知：大家對我的愛和幫助都是理所當然的，大家只能關注我、愛護我，我才是最好的。雖然父母愛孩子是天性，是無可厚非的，可如果因為父母的溺愛而讓孩子形成了自私自利的性格，就是害了孩子。

　　在孩子成長的過程中，做父母的要經常反思自己對孩子的愛是否適度。如果父母在生活中發現孩子經常以自我為中心，不會為他人著想，那麼對於孩子的教育方式就必須做出適當的調整了。

　　在教育孩子的問題上，我們應該多學習和借鑑國外許多父母所採取的「獅子育兒法」：哪怕孩子從樓梯上摔了下去，父母也不會去攙扶，而是像什麼事都沒有發生那樣，讓孩子自己去處理傷口。

第1章　過度養育—付出愛，卻是害

父母對孩子的過度保護，只會使孩子產生依賴心理；父母對孩子的過度寵愛，只會使孩子變得自私自利、驕橫乖張。身為父母，掌握好愛的分寸很關鍵。父母要明白，關愛不是溺愛，不是毫無原則的過度寵愛。在教育孩子時，既要懂得適度的愛，也要懂得適當地放手，只有當父母真正做到適度地愛孩子時，才會得到意想不到的效果。

溺愛是孩子自私的根源，是孩子成長的障礙。而父母對孩子過度寵愛就是一種溺愛、一種傷害。經歷過風雨的人，才能擁有堅強的品格；經歷過黑暗的人，才能懂得光明的可貴；經歷過磨難的人，才能體會苦盡甘來的滋味。那麼，父母在教育孩子時，何不改掉溺愛的習慣，讓孩子適當地承受一些苦難，培養孩子的生存能力和良好的品格呢？

如果說，適度的愛是蜂蜜，那麼過度的溺愛就是**毒藥**。俗話說：過猶不及，水滿則溢。孩子需要父母的疼愛，但不是溺愛，因為溺愛不是真正的愛，溺愛只會影響孩子的身心健康、阻礙孩子的成長。因此，父母要掌握好分寸，給予孩子適度的愛。

第 2 章
清單式童年 ──
孩子已日漸枯萎

「望子成龍，望女成鳳」幾乎是所有父母的共同願望。為了讓孩子不輸在起跑點上，許多父母總是按照自己的經驗和喜好，為孩子列出清單，規劃好現在與未來，卻唯獨疏忽了孩子自己的想法和意願。身為擁有獨立思想和獨立人格的一員，孩子對於這種「清單式」的童年其實是非常抗拒的。或許，父母可以嘗試著換種養育方式，將自由選擇和掌握命運的權利，重新交還給孩子。

第 2 章　清單式童年—孩子已日漸枯萎

你不需要幫孩子列好人生

不知大家是否看過電影《楚門的世界》，如果沒有看過，下面請跟隨這個故事，開始我們的教育啟迪。

故事的主角叫楚門（Truman），他從小到大一直生活在一座叫海景鎮的小城（實際上是一個巨大的攝影棚），而他則是這座小城裡的一個平凡的保險經紀人。

楚門看上去似乎過著與正常人完全相同的生活，可是他卻根本不知道海景鎮這座小城中的所有一切都是為他而準備的，攝影棚裡覆蓋著龐大的攝影網絡，一天 24 小時，360°全程拍攝楚門的一舉一動，並全球直播。

島上的所有居民都是《楚門的世界》的演員，包括楚門的爸爸媽媽、太太與好友。而他們與楚門說的每一句話、做的每一件事皆是導演事先安排好的臺詞。楚門從小就被不停地灌輸著一種思想，即外面的世界很危險，只有海景鎮才是最安全的。雖然小楚門有著探索的欲望，但是當身邊的人不斷重複告訴他海景鎮非常安全很適合居住時，他還是妥協了。

就這樣，一直生活了二十多年。直到有一天，他突然發現自己似乎一直在被人跟蹤，當他故意打破自己的生活規律時，最真實的一幕血淋淋地呈現在他眼前。他才恍然發現，原來，自己二十幾年來的生活就這樣赤裸裸地展現在全球所有人的眼皮底下，毫無隱私可言！

悲痛萬分的楚門在極度的震怒之後，毅然決然地想要離開這個令他噤若寒蟬的海島，去尋找屬於自己的真正生活和真正關愛他的人。然而，為了阻止楚門離開，節目組在大海裡採取雷擊、風暴、海浪等方式，但是楚門並沒有屈服。

眼看阻止無望，集製作人、導演和監製大權於一身的克里斯托弗（Christof）又採取了誘惑政策，勸說楚門不要離開海景鎮，並告訴他如今他已經是世界上最受歡迎的明星之一，只要他能留下來，他就可以繼續過著明星的生活。但是最終，受夠了欺騙與擺布的楚門不為所動，毅然踏上了走向遠方尋找自由之旅的路程。

為孩子安排好一切，似乎是許多父母的一個共同特徵。「你不能離開我為你打造的安全世界」，他們總希望孩子能在自己控制的範圍內按自己的意願去生活。就如同導演克里斯托弗與楚門的關係，他們之間的衝突也正如父母的束縛與孩子的反抗。導演對楚門也有著深沉的愛，可惜這種畸形的愛讓他走向了極端，萬幸的是最後楚門還是選擇逃離了導演打造的「為你好」的世界，毅然去尋找自己的「詩和遠方」。

許多父母總是在替孩子操心，想盡辦法為孩子營造一個美好的生活環境，按照自己的想法、希望、興趣、經驗為孩子羅列他們的人生，這其中最具有代表性的一句話便是「我過的橋比你走的路還多」。

記得網路上曾流傳過這樣一個玩笑：

第 2 章　清單式童年—孩子已日漸枯萎

5 歲：孩子，我替你報了才藝班。

7 歲：孩子，我替你報了珠心算班。

15 歲：孩子，我替你報了私立明星國中。

18 歲：孩子，我替你報了升學補習班。

23 歲：孩子，我替你報了高普考。

32 歲：孩子，我替你報了相親節目……

於是，很不幸，孩子的人生就這樣過上了「清單式」的生活。

有人說，華人父母很累。的確，因為他們不想讓孩子「輸在起跑點上」，他們想讓自己的孩子長大後成為人上人，於是他們從小便為孩子羅列好了人生，卻忽略了孩子也是擁有獨立人格和自我意識的人，他們不喜歡家長事事包辦，他們需要獨立思考與心靈的自由，也需要學習掌控自己命運的能力，他們渴望自己的人生能由自己抉擇。可是，被父母私自列好的人生，他們無力反抗，又如何去建構更加完善的自己呢？不能深刻體會到對當下生活的切身感悟，又何談對生命對未來懷揣希望呢？

孩子並不需要你幫他列好人生。強行列好孩子的人生這種教育理念是行不通的，只有把選擇權還給孩子，讓孩子自己做主，才能使父母與孩子建立起良好的溝通氛圍、建構和諧的家庭，並幫助孩子形成良好的性格。

> 你不需要幫孩子列好人生

　　值得注意的是,很多父母都認為讓孩子自己做主,是在遷就孩子,事實上,這是兩個完全不同的概念,不可混為一談。父母強行替孩子列好「清單式」的人生,只會得不償失。因為你不尊重孩子的選擇,違背孩子的意願,一味地獨斷專行,只會讓孩子逐漸形成懦弱無能、缺乏主見等不良性格。

　　因此,身為父母,應該尊重孩子,給予孩子自主選擇的權利,讓他們自由選擇自己的人生,並適時給予孩子引導和幫助。那麼,具體應該如何去做呢?以下三點建議,值得借鑑。

1. 父母要遵循孩子的成長規律,切勿揠苗助長

　　父母在給予孩子選擇權的時候,也要充分遵循孩子的成長規律,切勿拔苗助長,以免適得其反。違反自然規律而給出一些難以企及的高期望值,雖然可以換取孩子一時的成績,但卻有可能毀掉孩子一生的幸福。當孩子沒有達到你心中的期許時,他們除了會遭到你的謾罵與嘲諷外,還有可能失去學習的興趣與生活的熱情。

2. 父母對孩子要多一些平和,少一些苛刻

　　許多父母都希望自己的孩子能出人頭地,但是大千世界,芸芸眾生,還是普通人占多數。如果父母不能明白這個簡單的觀念,而一味地用高要求、高投入、高標準來逼迫

第 2 章　清單式童年—孩子已日漸枯萎

自己的孩子奮勇前行,那麼最終的結果可能就會導致期望越高,失望越大。

因此,在孩子成長的問題上,父母不要給孩子太大的壓力,應多一些平和,少一些苛刻。

3. 父母可以引導和幫助孩子自己樹立適當的目標

望子成龍是天下父母的共同願望,但是,「龍」難成,「鳳」難求,如果父母對孩子的要求過高、過嚴,甚至不切合實際,那麼孩子便會因此而產生心理負擔。正所謂「欲速則不達」,太急於求成不但不能促進孩子良好性格的形成,反而還會阻礙孩子智力與身心的正常發展。

所以,父母不妨試著引導和幫助孩子,讓他們自己樹立起人生的目標,並朝著自己定下的目標迎難而上,勇敢前行,收穫更美好的明天。

每個人的人生都是獨一無二的,記住,你對孩子最好的愛和最好的教育,便是讓孩子自由選擇自己的人生!

清單式童年導致孩子缺乏自我效能

　　給孩子最好的愛，就是確保他們的安全、健康；想盡一切辦法送他們入名校，進最好的班級；成為班級裡成績最優秀的人，能受到各種榮譽與讚賞；踏入社會是最成功的職業菁英，能受到上司的賞識與重用……相信這是很多父母共同的心聲，為了不讓孩子輸在起跑點上，他們早早地就為孩子列出清單安排好了一切。這種養育孩子的方式，其實就是讓孩子過上了一種「清單式」的童年。

　　這些期待中的完美，父母是否應該捫心自問，你要求孩子完美，但是你自己做到了嗎？很多父母把孩子當作自己生命中的全部，把孩子的未來當作重中之重，於是，在力求打造完美孩子的道路上，父母便成了孩子的保母和祕書，千方百計費盡心思來督促、哄騙、暗示、幫助孩子，告訴他們要把有限的時間花在無限的未來上。

　　現今，生活在「清單式童年」中的孩子不在少數，大有愈演愈烈之勢。這些孩子，他們沒有自由玩耍的時間，找不到自我存在的意義、生活目標和前進的動力，缺乏自我效能。

　　說到這裡，肯定有人會問，什麼是自我效能呢？著名心理學家亞伯特・班杜拉（Albert Bandura）說：「自我效能是一個人能否自己完成某項工作行為的自信程度。」

第 2 章　清單式童年―孩子已日漸枯萎

　　事實上,父母在幫助和保護孩子的同時,也直接剝奪了孩子建立自我效能的機會,畢竟父母為孩子所付出的一切行動,都代替不了孩子自己的行動。所有的自我能效,都是在一個人看到自己的行動能產生成果後,才建立起來的。很多在「清單式」育兒中長大的孩子,之所以在踏入社會後感到茫然無措,找不到自己前進的方向與目標,是因為「清單式」的童年生活,已經讓他們喪失了獨立思考的能力,讓長大成人後的他們,潛意識裡還在等待著另一個清單來幫助自己對之後的人生路做出選擇與安排。

　　只可惜,這份清單早已不復存在。因為父母已經對長大成人後的他們開始放手了,認為他們可以自己做出選擇了。但是多年養成的習慣,又怎會一朝改變?受此影響的他們,缺乏動力和意識,無法主動地融入身邊的環境中,更不能全心全意地努力奮鬥,那又何談主動去思考自己未來的方向呢?而這也是「清單式」育兒的悲哀之處。

　　如果想要避免這種悲哀,父母就必須摒棄「清單式」育兒的教育方式,幫孩子建立起自我效能,讓他們為自己的人生做更多的思考與規劃、決定與行動,展望自己的未來並為之努力奮鬥。

　　我們先來看這樣一個案例。

　　有這樣一個普通的家庭,父親是一家報社的編輯,母親

清單式童年導致孩子缺乏自我效能

是一名天天擠公車上下班的醫生。和大多數父母一樣，年輕時因為種種原因與研究所失之交臂的他們，也對自己的孩子寄予了很高的厚望，希望孩子能勤奮努力地步入高等學府深造，彌補他們當年的遺憾。

但是，他們的孩子成績卻非常糟糕，雖然留級重讀了兩年高一，卻仍然多門功課不及格。最終，學校勸其休學，孩子自己也決定放棄學業。

放棄學業這件事，換作其他任何一個家庭，父母都很有可能暴跳如雷將孩子暴打一頓，關在家裡逼其讀書或是千方百計想盡一切辦法繼續讓孩子去上學。

但是這個開明的家庭並沒有選擇這麼做。這位偉大的父親懂得尊重孩子的意願，他說：「孩子要走自己的路，就讓他去走。教育的目的就是學會生存，只要生存得好，又何須走大學考試這一座獨木橋呢。」

最終，他們的孩子退學後，憑藉自身努力在寫作與賽車領域都取得了不錯的成績，並出版了一系列暢銷書籍，深受廣大讀者的喜愛。

為孩子安排好一切，讓孩子照清單執行，這似乎是華人父母的一個共性。很多時候，他們習慣於按自己的經驗、喜好來規劃孩子的現在與未來，他們最常掛在嘴邊的一句話就是「我吃過的鹽比你吃過的米還多」。但是他們往往忘記了孩子真正的興趣，並忽略了孩子的內心感受。

就這樣，孩子的能力逐漸被父母「清單式」的愛所禁錮，

第 2 章　清單式童年—孩子已日漸枯萎

他們的笑容漸漸消失，眼神變得空洞而迷茫，而父母再也看不到孩子內心的寧靜和幸福感，更加感受不到孩子內心對未來的掙扎與困惑了。

雖然父母每次都會以愛之名對孩子說：「我做的一切都是為了你好，都是愛你的！」但是他們從未想過，孩子們真正需要的其實是獨立的思考、心靈的自由、學習掌控自己命運的能力，以及未來的自我效能建設。父母如果不斷地替孩子做選擇，為其安排好一切，只會造成孩子長大成人後內心無法適應社會的大環境，心靈脆弱得不堪一擊。

因為他們無法為自己安排；因為他們的未來會缺失自我效能的發展；因為他們認為別人也應該像父母一樣照顧自己……如此，一遇到困難和挫折，他們便會選擇逃避而無法面對人生的風雨。但是身為父母，當孩子逐漸長大，你已年邁，又如何去陪伴孩子一生呢？到那時，孩子又該如何獨自面對生活呢？

所以，父母不如試著早日放手，讓孩子從小學會獨立自主、安排自己的人生，而不是由你來為他做出選擇、安排好一切。也只有父母放手，孩子才會真正獨立起來，自己的事情自己做，在獨立的基礎上去創造和發揮自己的能力，為自己營造一個美好的未來。

「清單式」教養的具體危害

如果說把孩子比喻成茁壯成長的小樹苗，那麼成長的過程中，父母勢必會按照自己的意願來修剪枝葉，設計好生長的方向與形狀。不可否認，這樣的養育方式，也許會讓父母收穫一盆外觀長勢極好的盆栽，可是千篇一律的形態和模樣，真的就是父母所喜歡的嗎？

電影《小王子》(The Little Prince)裡那位望女成鳳的媽媽或許可以給予我們一些啟示。

為了幫助女兒贏得「成功而美滿的人生」，這位媽媽帶著女兒搬進了熱門學區，並替孩子制定了異常嚴苛的「清單式人生規劃表」。處於「高壓」下的小女孩，沒有童年，沒有快樂，但她的內心卻非常渴望自由！可以說，這張「清單式人生規劃表」對孩子來說就是一個噩夢的開始。

現實生活中的許多父母也會像影片裡的那位媽媽一樣，為孩子們列出一張張清單式的規劃表，去督促、暗示、幫助，甚至哄騙孩子，目的就是把孩子的一言一行打磨到極致，讓孩子變成他們心目中完美的樣子。而長此以往，處於「高壓」下的孩子必然會極力反抗，進而引發矛盾與衝突。

誠然，這是一個競爭日漸激烈的時代，父母不想讓自己的孩子輸在起跑點上、落後於人也是情理之中的事情。但

第 2 章　清單式童年—孩子已日漸枯萎

是,過多的焦慮與擔憂和「清單式」的教養方式,卻很容易促使一些父母事無鉅細地幫孩子準備好一切,一旦孩子有任何風吹草動,父母就會感到惶恐不安,擔心孩子誤入歧途或受到傷害。

「清單式」的教養方式對孩子的殺傷力到底有多大呢?讓我們先來看看下面這個案例,或許你會從中得到啟發。

曾寫一篇控訴父母的萬字長文的名校畢業生,從小便是一個讓父母感到非常自豪的孩子,在校成績從來沒讓父母操過心。他是大學考試的理科榜首,後被名校科系錄取,大學畢業後又成功申請了美國一所名校的研究生。

然而,就是這樣一個學業成績頂尖的孩子,12 年前便決定不回家過春節;6 年前,他又封鎖了父母所有的聯繫方式;他甚至還決定去攻讀心理學方面的博士,以解決自己長期壓抑之下的心理問題。

他到底經歷了什麼,竟不惜與父母徹底決裂?

在他控訴父母的那封萬字長信裡,他回顧了自己與家人的種種過往。他在信中寫道:「從小到大,自己都在父母『清單式』的教養下生活著,不管是課業、交友還是日常的穿著與打扮……」字裡行間,滿滿的都是對父母「肆意操控」、「炫耀」的不滿與怨恨,同時也闡述了因父母的過度關愛及親情的缺失讓他不夠自信而導致踏入社會後缺乏交際能力、性格變得孤僻的現狀。

「清單式」教養的具體危害

儘管畢業於名校，但由於執行能力差、人際交往困難，他在工作中頻繁跳槽，始終找不到一份合適自己的工作。

最終，他憑藉著自己英語的優勢出國就讀研究所。但誰知，父母的「關愛」如影隨形，並沒有隨著他的出國而告一段落。他前腳剛到美國，父母後腳就找了一位在美國的老朋友照顧他。在與父母的溝通中，他坦誠自己與那位朋友並無任何共同語言，但是父母卻依然不管不顧地要求他與之交往。

他曾說：「如果父母對孩子教育的最終目的是要控制孩子，那麼我的父母算得上是出類拔萃的典範，他們所有的付出都只是為了牢牢控制我的人生，並整整控制了 30 年之久。」

以上的例子引人深省。可以說，他是「清單式」教養的典型受害者。父母的這種教養方式不僅讓他徹底失去了自我、罹患了嚴重的心理疾病，還最終導致了他與父母斷絕了關係，這是何等的悲哀啊！

打著「為孩子好」的名義，為孩子羅列清單規劃好一切，難道就真的是為孩子好嗎？當然不是！說到這裡，讓我們先來了解一下「清單式」教養所帶來的具體危害。

1. 扼殺孩子的創造力

孩子的能力增長需要依靠自身的探索與實踐才能逐步得到提升，哪怕經歷失敗，至少也能從中吸取經驗與教訓，越

挫越勇。但是很多父母心疼孩子,他們「清單式」的教養方式一次次剝奪了孩子鍛鍊的機會、阻礙了孩子思維的發展與創造力。頭腦簡單四肢無力,又如何發展思維與創造力呢?

2. 扼殺孩子的意志力

父母長期包辦孩子的一切,會使孩子心安理得地學會享受而不知如何努力獲取。久而久之,孩子遇到問題就會退縮,缺乏足夠的意志力,抗壓性不足,並最終變得懦弱無能,甚至不能正常地與人交往和工作,無法立足於社會,導致一事無成。

3. 使孩子缺乏自信心

自信是成功的第一祕訣,透過自身努力而獲得成功,是獲得自信最切實有效的途徑之一。反之,如果父母把一切都安排好讓孩子照著執行,那孩子證明不了自己的能力、感知不到成功的過程,長此以往,勢必會缺乏自信而喪失戰勝困難的勇氣。

4. 使孩子缺乏責任感

孩子心安理得地享受著父母的包辦,一旦適應,就會覺得什麼都是理所當然。當孩子缺乏了一顆感恩的心,缺乏了

責任感和反哺心,等到父母年邁時,他們便會碌碌無為,甚至成為啃老族、社會寄生蟲。

既然「清單式」教養所帶來的危害這麼多,那麼,父母應該如何避免對孩子進行「清單式」教養呢?

1. 要尊重孩子

人與人之間相處的前提是尊重。在教養的過程中,父母要充分尊重孩子的感官需求、思想、意識等,並盡力去幫助孩子發展自我管理的能力,讓孩子學會表達內心的需求與探索未知世界的欲望。

父母如果對孩子的選擇與決定給予充分的尊重,那麼孩子自然也會有向上和向善的內在成長動力,就會成長為一個優秀的孩子。

2. 要教會孩子如何去愛

有研究發現,人生的幸福是愛,不是對工作的愛,是對人的愛:我們的配偶、我們的夥伴、我們的朋友、我們的家庭。

所以,父母應該教會孩子如何去愛身邊的人,只有內心充滿愛,才會擁有一顆感恩的心,感恩於父母、感恩於朋友、感恩於社會,成為一個內心善良而豁達的人。

3. 可以讓孩子適當做一些家務

生活中，父母不妨讓孩子適當做一些家務，這樣更能培養孩子的興趣與積極性，因為很多專業上的喜好與成功，大部分都取決於小時候所做的瑣事與歷練，而且越早開始越好。

孩子在做家務的過程中，可以體會到生活的來之不易，學會笑對生活，保持對生活的熱情與美好。

家庭教育中，很多父母錯誤地認為，自己「清單式」的教養方式能為孩子規劃好一生的宏偉藍圖，讓他們的人生更加燦爛與精采。殊不知，孩子是一朵野花，並不是盆栽，無須過多修剪與捆綁。身為父母應該明白，你的責任並不是把孩子變成你心中所期許的樣子，而是在他的人生路上幫他完成獨立與自主，支持他成為更好的自己！

不要「清單」，要自由

不知大家是否聽過著名的魚缸法則呢？

有群小魚一直在魚缸中自由自在、怡然自得地生活著，但是兩年過去了，人們卻發現，小魚的大小似乎並沒有什麼明顯的變化，依舊是十公分左右，依舊樂此不疲地在魚缸中游來游去。後來，人們決定把這些小魚放回魚池中。短短兩個月後，人們驚奇地發現，原來十公分的小魚竟然長到了三十公分。

對於小魚的成長變化，有人說是因為魚池的環境，有利於小魚的生長；也有人說是漁夫飼養的特殊方式，促進了小魚的生長。其實，人們都忽略了一個重要的前提，那就是魚池的空間要比魚缸的空間大得多！

其實孩子的成長過程也和小魚一樣，需要更大、更適合的自由空間。所以，要想使孩子更好、更快地成長起來，父母也要給予孩子活動的自由，不要讓孩子成長的空間拘泥於「魚缸」中，不然，孩子是很難有機會成長為大魚的。

我們先來看下面這個案例。

4歲的小偉，身高看起來要比同齡人高出不少，可是他的語言與行動能力相比其他小朋友都遲緩不少。

平時，爺爺奶奶對小偉寵愛有加，他們總是擔心孩子外

第 2 章　清單式童年─孩子已日漸枯萎

出會受到其他玩伴的欺負,所以很少帶小偉出門,經常把孩子關在家裡一個人玩或者一個人看電視。久而久之,缺少玩伴的小偉性格也變得內向與孤僻起來,更害怕與陌生人相處。

這天,陽光明媚,微風拂面。看起來天氣好,爺爺奶奶下樓買菜時便決定帶小偉一起去。在路過社區樓下的公園時,許多孩子在五彩斑斕的氣墊城堡內玩得不亦樂乎,路過的小偉瞬間就被吸引住了,一直站在氣墊城堡的門口不願挪開腳步。而社區裡幾個熟識的玩伴看到小偉後,也熱情地招呼他一起進去玩。

內向寡言、不懂交際的小偉面對玩伴的熱情,一時間竟不知道該如何去回應他們了。而一旁的爺爺奶奶看到這種情況,就連忙對小偉說:「這個一點也不好玩,而且人這麼多也不安全,你還是跟著爺爺奶奶去超市玩吧,等一下買你最愛喝的牛奶給你,好不好?」

不得不說,這是一個非常失敗的教養經歷。爺爺奶奶由於過度擔心小偉的安全,讓小偉生活在「清單」之中,而忽略了小偉的內心需求。也許,孩子並不是愛玩這個,他只是想在玩的過程中結交朋友,能夠一起討論某個愛看的卡通片內容,或一起玩遊戲。而這也是孩子隨著年齡的增長所體現出的一種心智的發展與對自由的嚮往。可是這種渴望自由的思想卻被身邊的親人一次又一次無情地剝奪了。他們總是打著愛的旗號,處處限制著孩子的自由。

不要「清單」，要自由

那麼，什麼是自由呢？自由就是指人們在一個有章可循、有法可依的環境中自由自在地發展。當孩子擁有了自由，他們才會變得獨立、自信、有責任感，他們的一些優秀品格才能逐步地建立起來。

現實生活中，許多孩子在成長的過程中，每一次自由發展的想法都曾被父母無情地阻撓過。比如，孩子想一個人去學校時，父母會說，你一個人不安全，馬路上車多人多，萬一遇到壞人怎麼辦呢？還是讓爸爸送你去吧……久而久之，孩子就會在父母的這種過度呵護與擔憂下慢慢地失去成長的自由。而失去自由後的他們必然會長期在一種被執行、被壓抑的狀態下生活，並最終導致失去自我。

匈牙利愛國詩人裴多菲·山多爾（Sándor Petőfi）說：「生命誠可貴，愛情價更高。若為自由故，二者皆可拋。」而伴隨著孩子的不斷成長和身體與思想上的獨立，他們會越來越渴望自由、尋求自由，並沿著自由之路前行。即使前方荊棘密布、困難重重，孩子也願意冒險進行不同的探索與嘗試。如果在此過程中，父母阻止了孩子的行動，那麼也就代表剝奪了孩子的自由，讓孩子失去了獨立自主的機會。正如教育家瑪麗亞·蒙特梭利（Maria Montessori）所說：「我們必須把我們的後代造就成強而有力的人，也就是我們所說的獨立和自由的人。」

第 2 章　清單式童年—孩子已日漸枯萎

所以，父母若想讓孩子健康快樂地成長，就應該摒棄魚缸式的教養方式，讓孩子早日走出「魚缸」，回歸大自然。那麼，具體應該如何去做呢？

1. 讓孩子自主思考

只有讓孩子培養自主思考的良好習慣，孩子才會形成自己的見解與主見，才不會事事依賴於父母。

2. 讓孩子自由選擇

父母不能以自己的經驗來壓制孩子自由選擇的權利，哪怕孩子的選擇是錯的、行不通的，父母也要尊重孩子的選擇，因為孩子也渴望擁有選擇的權利來證明自己的價值感與存在感。

3. 讓孩子自由嘗試

有了思考與選擇的自由後，孩子還需要去嘗試。也只有勇於嘗試，孩子才能在生活中感知酸甜苦辣，才能更好地經歷生活的歷練，更好地成長為一個有擔當、有責任感的人。

身為父母，如果你愛孩子，不妨讓孩子像野草一樣自由自在地生長吧！當然，給予孩子自由也並不是意味著父母就可以撒手不管。聰明的父母可以這樣做：

不要「清單」，要自由

　　既能讓孩子在大自然的環境中自由成長，又可以對孩子進行適當的追蹤與保護；既不能一味地放任自流，又不能事事包辦、處處限制。這樣恩威並施、寬嚴並濟，才能讓孩子更好地生存與發展。

第 2 章　清單式童年—孩子已日漸枯萎

你的選擇，並不是孩子的選擇

人的一生，每天都面臨著無數的選擇，大到找工作、談戀愛，小到穿衣、吃飯，我們無時無刻不在做選擇。選擇是我們生活中重要的組成部分，也是上天賦予人類的一種權利。也正是因為有了選擇，人生才充滿喜怒哀樂與酸甜苦辣；也正是因為有了選擇，我們才能做與眾不同、獨一無二的自己。

敢不敢選擇，是一種自信與魄力；能不能選擇，是一種能力與堅持；會不會選擇，是一種智慧與修養。可以說，人生就是一門不斷選擇的藝術課，一個不敢、不能、不會選擇的人，是缺乏主見與創造力的，是很難擁有獨立人格的。

孩子也一樣，他們來到這個世界，也需要自己的選擇權，也希望能自己的事情自己做主。但是，孩子的選擇權卻往往被「好心」的父母硬生生地剝奪了。很多父母總是喜歡把自己的意願強加於孩子身上，為孩子做選擇。比如，自認為學鋼琴好，哪怕孩子不喜歡也要讓孩子學；自認為學舞蹈好，即使孩子的體型不適合舞蹈訓練，父母也會強迫孩子繼續學習……幾乎很少有父母會主動詢問孩子的內心想法，主動尊重孩子的興趣愛好，將選擇權交還給孩子。久而久之，矛盾便開始滋生，孩子指責父母過度干涉自己的自由，父母則抱

> 你的選擇，並不是孩子的選擇

怨孩子不理解自己的良苦用心，最終關係越鬧越僵，甚至造成無法挽回的結果。

在生活中，許多父母或許都有像妮妮媽媽一樣的做法。

妮妮的媽媽是一名普普通通的工人。她一直希望自己的女兒能出人頭地，過上好的生活。有一次，一位朋友在看到她的女兒時，無意中說了一句：「妳家孩子手指修長，挺適合彈鋼琴的，如果能加以培養，將來前途不可限量。」

說者無心，聽者有意，妮妮媽媽心動了，她決定無論如何也要將女兒培養成著名的鋼琴家。心動不如行動，第二天，妮妮媽媽就去琴行購買了一架昂貴的鋼琴，又請了家教老師對女兒進行一對一的輔導。

可是7歲的妮妮根本就不喜歡彈鋼琴，她只喜歡跳舞。她哭著央求媽媽，讓她去報考舞蹈班，可是媽媽根本就不尊重她的選擇，一定要她練習鋼琴。看到女兒每次練琴時哭得梨花帶雨的模樣，爸爸心疼地勸媽媽，說：「既然孩子不喜歡，我們就別逼她了吧！」

「不行，孩子還小，她懂什麼？我這也是替她做了明智的選擇，將來她感激我還來不及呢。」媽媽振振有詞地說道。

眼看媽媽不可能輕易改變自己的決定，某天，趁著父母不在家的時候，氣憤不已的妮妮學著卡通片中看到的故事情節，拿起一瓶膠水將琴鍵黏上了，想神不知鬼不覺地讓鋼琴壞掉。

061

第 2 章　清單式童年─孩子已日漸枯萎

做完這一切後，膽小的妮妮又害怕會受到媽媽的打罵。於是，妮妮便想出門找爸爸，讓爸爸替自己出出主意、幫幫忙。在繁華的馬路上，車流擁擠，妮妮不小心被汽車撞倒了，造成了雙腿粉碎性骨折，醫生說她以後不能像正常人那樣走路。而妮妮的舞蹈夢，似乎也只能永遠地沉睡於記憶的最深處了。

看完這個真實的案例，身為父母的你，內心是否被觸痛了？父母不要認為孩子小，就什麼也不懂，再小的孩子也同樣需要自主選擇的權利。「望子成龍，望女成鳳」固然沒有錯，但是父母如果利用自己的身分來壓制孩子、剝奪孩子的選擇權，那就大錯特錯了。畢竟，孩子的人生需要他自己的參與。

父母總想著把最好的愛都給孩子，於是事事包辦、處處幫替。可是這樣一來，孩子失去了自主選擇權，長大後便會處處依賴於身邊能幫助他的人，很難獨自面對生活的磨難。所以，父母應大膽鼓勵孩子發表自己的觀點與看法，並讓孩子事事參與，給予孩子選擇的權利和可以自由支配的空間，不過度干涉他們的正常行為舉止，更不要試圖去窺探他們的隱私，這樣才能培養出一個性格獨立的孩子。

父母應該明白這樣一個道理：世間所有的愛都是為了相聚，唯有父母對孩子的愛是為了分離。孩子長大成人，以後的漫漫人生路還得由他們自己堅持走下去。所以，父母不能

> 你的選擇，並不是孩子的選擇

以任何理由去剝奪孩子的選擇權，而應儘早放手將選擇權交還到孩子的手中，讓孩子在以後的人生路上且行且獨立。

那麼，具體落實到行動上，父母又該如何去做呢？以下幾點建議，值得參考：

① 尊重孩子的選擇權，不要試圖對孩子強行灌輸你的經驗之談。
② 尊重孩子的願望單，不把自己的想法與觀念強加到孩子身上。
③ 考慮孩子的承受力，不對孩子施加超出負荷與壓力太大之事。
④ 關注孩子的發展規律，不做拔苗助長、好高騖遠、盲目施教之事。
⑤ 支持孩子的興趣愛好，不打擊、不責罵、鼓勵孩子發揮自己的特長。

有位節目主持人曾說：「決定你是什麼的，不是你擁有的能力，而是你的選擇。」所以，為了孩子更好、更快樂地成長，父母不妨把自主選擇的權利交給孩子，相信他並肯定他，讓他做自己想做的事，讓他變得更自信、更有主見一些吧！你會發現，換個角度看風景，人生處處皆風景；換個角度育孩子，孩子處處皆光芒。

第 2 章　清單式童年—孩子已日漸枯萎

第 3 章
直升機父母 ——
不能控制孩子的一生

　　隨時盤旋在孩子的上空,介入孩子的一切,孩子一旦有需求就立刻補給,孩子一旦遇到困難就馬上降落,隨時準備著挺身而出……如果你是這樣的「直升機父母」,那麼你必須考慮一下如何平穩降落了。

　　或許你的出發點是為了孩子好,但你不知道的是,直升機父母養育出的孩子,更容易喪失自理能力、悲觀厭世、蠻橫無理,走上社會後,也很難立足。相較於做一個控制孩子人生的直升機父母,你更應該做的是放開束縛孩子成長的手腳。

第3章　直升機父母―不能控制孩子的一生

民主 —— 華人父母最缺少的品格

《親愛的安德烈》中有句話是這樣說的:「你的兒子不是你的兒子,他是一個完全獨立於你的『別人』!」沒錯,孩子不是父母的私有財產,他也是一個有思想、有見解的獨立個體。所以,父母對孩子的愛應建立在尊重孩子的基礎上,不強迫孩子做自己不喜歡的事,不違背孩子的意願,應給予孩子充分的民主,去主動徵求他們的意見,只有這樣,才能幫助孩子成為真正的自己。

俗話說,知之非難,行之不易。現實生活中,尊重孩子的意願並充分給予孩子民主權利的父母卻是鳳毛麟角。

說到這裡,讓我們先來看一個案例。

一位父親平時不僅說話嗓門大、脾氣暴躁,做事還非常獨斷專行。只要自己的兒子有什麼事情做得不符合他的心意,或是沒有達到他的要求,就免不了要遭受一頓埋怨和責備。對於即將國中畢業報考高中的事情,兒子在與父親商議的過程中又受到了打擊與責備。

兒子對父親說:「離考試就只有不到三個月的時間了,我想憑藉自己的努力打拚一番,只要好好發揮的話,就有可能考上明星高中。不打拚、不奮鬥,要青春做什麼?我想在有限的青春裡突破自己,提升一下自己的能力。」

民主―華人父母最缺少的品格

父親一聽,說道:「時間這麼緊,你有把握嗎?」兒子正準備說自己已經制定了詳細的複習計畫,並作好了時間安排時,這位父親又說,「只剩不到三個月的時間,萬一複習後還是考不上呢?折騰來折騰去有必要嗎?」

兒子一聽這話連忙說:「爸爸,我想⋯⋯」後面的話都還沒說完,這位父親就打斷了兒子,說:「有什麼好想的,我看你還是老老實實報個普通高中好了,不要盡做一些不太可靠的事。」

兒子不甘心,鼓起勇氣說:「爸爸,雖然我平時成績中等,可是⋯⋯」

「好了,不要再可是了,剛剛不是說了嗎,你可不要折騰到最後連普通高中都沒有,明星高中也考不上,那可就吃力不討好了,知道嗎?」

兒子欲言又止,只好悻悻地說「好吧」,最終選擇了妥協。

案例中,父子倆看似是在為報考高中的事情一起商討,但實際上,父親一點也沒有尊重自己的孩子,更沒有給孩子發言的機會與民主的權利,反而一味地堅持自己的觀點與建議。

那麼,何謂民主?民主是人們在文明且自覺的狀態下,對他人所表達出的一種人格尊重與存在價值的尊重,是不干涉、剝奪他人思想行為意識,並不把自我意志強加於他人的

第 3 章　直升機父母─不能控制孩子的一生

一種思想和態度。民主也是社會文明與進步的體現，可以說沒有民主的教育是沒有趣味可言的。因為，只有充滿民主的家庭教育，才能培養出高智商、高情商、品學兼優的孩子，也只有在這種氣氛中長大的孩子才會更加有思想、主見、自信。

但是現實生活中，許多父母最缺少的品格也恰恰是民主。誠然，天底下的父母都是愛孩子的，可是他們卻忽略了一個事實，那就是孩子也是一個獨立的個體，也渴望得到尊重，也希望能體現自我的價值感。父母不停地為孩子包辦一切、替孩子做決定，也不主動徵求孩子的想法與意見，自認為是給了孩子最好的愛，卻不知道，自己的事事干涉，只會打擊孩子做事的積極性與主動性，讓孩子喪失自信心，使得他們失去敢想、敢拚的創造力與行動力。長此以往，孩子又如何能體會到成功與幸福的喜悅呢？

那麼，父母在生活中應該如何做才能表達對孩子的尊重，讓孩子擁有民主的權利呢？

1. 主動詢問孩子的想法

在教育的過程中，父母既然愛孩子，那麼首先就應該學會尊重孩子，哪怕是一件細微的小事，也應該主動詢問孩子的想法。比如：「這個你喜歡嗎？」、「你覺得哪個好看呢？」

民主─華人父母最缺少的品格

當孩子感受到父母的尊重與肯定時,他們自然是非常願意表達自己的觀點的。

當然,父母在詢問時,也要以一種認真的態度來詢問孩子,而不是隨口一說。只有父母認真的態度,才能促使孩子勇敢地表達內心所想,並提升他們的自信與對生活的熱情。

2. 耐心聆聽孩子的意見

民主的家庭教育方式的核心就是父母與孩子在人格上是平等的,並且互相尊重。所以,父母在替孩子出主意、做決定時,應耐心傾聽孩子的意見,千萬不要隨意忽略和打斷孩子對事物的觀點與建議,更不要在孩子與自己的想法背道而馳時嚴厲地指責孩子。否則,將導致孩子缺乏與父母溝通交流的意願,並且依樣畫葫蘆,將這種不良的溝通方式帶入之後的學習與工作中,對自己的人生造成更大的影響。所以,父母不妨從學會認真聆聽孩子的意見做起吧!或許你會由此收穫一個意想不到的效果。

3. 不要不把孩子當回事

父母不應該以孩子年齡小、閱歷淺來作為不尊重孩子、不把孩子當回事的藉口。哪怕小,孩子也是一個獨立的個體,也是一個有思想、有靈魂的血肉之軀。所以,對於一些

> 第 3 章　直升機父母─不能控制孩子的一生

涉及孩子的事情，父母還是應該酌情讓孩子參與，必要的時候徵求一下孩子的意見，讓孩子感受到自己也是被尊重的。

4. 嘗試多開一些家庭會議

既然是家庭的一分子，那麼，父母在家庭活動中的安排也應該徵求一下孩子的意見。比如，外出旅遊時，父母就可以嘗試開家庭會議，讓孩子踴躍表達自己的觀點來展現民主。家庭會議的最大好處就是從中激發孩子參與的積極性，讓孩子感受到自己的平等與被尊重，學會遇事懂得協商。

每個孩子都有發表自己的觀點與意見的權利，身為父母，不管在什麼情況下，都應該秉持民主觀念，尊重並徵詢孩子的觀點與意見，並以此幫助孩子建立起自信和勇敢的優秀品格。當孩子在充滿民主的教育理念中，感受到尊重與平等、愛與被愛，那麼在以後的人生旅途中，他自然也會將這種美好的品格延伸到他所交往的每一個人身上，並從中收穫更多美好與喜悅。

停止替孩子做決定

華人父母的一個顯著特點就是不停地替孩子做決定、對孩子下命令。日常生活中,我們經常可以聽到類似的話:「你要去寫作業了」、「你要去睡覺了,不能再玩啦」……或許,在父母看來,這些決定都是為了孩子好,是關心愛護孩子的一種表現。殊不知,這種強勢而武斷的做法卻嚴重傷害了孩子的自尊心,且容易誘發孩子的反抗心理。

父母總是覺得孩子年齡小、缺乏閱歷、沒有生活經驗,但是孩子再小,他也是一個完全獨立的個體,也有著自己的思想。而且,伴隨著年齡的增長,孩子的自我意識會越來越強烈,他們不喜歡父母事事包辦,更喜歡親力親為,自己的事情自己做主。

說到這裡,可能很多父母會覺得很荒謬,甚至不可思議,認為讓孩子自己做決定這個做法實在是太不可靠了!因為他們擔心心智尚未成熟又不諳世事的孩子會上當受騙、誤入歧途。但是你要知道,停止說「你要……」,讓孩子自己做決定,這才是為人父母最大的愛與智慧。換句話說,難道你替孩子做的決定就一定是對的,是孩子所需要的嗎?錯,父母違背孩子意願所做的決定,只會抑制孩子的個性發展,並引發孩子的反抗心理。

第 3 章　直升機父母─不能控制孩子的一生

今年剛升入國中的劉傑，不僅是一名品學兼優的好學生，更是父母眼中懂事乖巧的孩子。不管父母對他做出什麼樣的安排與決定，他從來不反抗。但是隨著年齡的增長與知識面的增加，他開始對許多事情有了自己的想法，不願再對父母的安排言聽計從，也想要自己的事情自己做主。

劉傑從小就特別愛運動，對籃球更是情有獨鍾，每個週末他都會約上三兩好友在社區的籃球場酣暢淋漓地打上好幾個小時。他說自己最喜歡的就是在籃球場上馳騁疆場的感覺，也只有那一刻，才感覺自己是不受任何束縛的，是屬於大自然的。一直以來，他最大的想法就是報名一個週末籃球培訓班，希望能在籃球方面得到專業的訓練與指導，取得更好的進步。

週末，做完作業的劉傑鼓起勇氣向媽媽說出了自己的想法，他說：「媽媽，我是真的很喜歡打籃球，並對此非常感興趣，所以我想報名週末籃球培訓班。」

「什麼，報籃球班，這有什麼好學的，你要報英語班才對。」對於媽媽的反駁，劉傑很鬱悶：「這是兩件事，我喜歡打籃球，想提高的是籃球技巧，並不是英語程度。」

「我這也是為了你好。」媽媽在一旁接著說，「籃球技巧提升能為你提高考試成績嗎？別只想著玩，從現在開始，媽媽要把你的籃球沒收了，要替你報個英語突擊班，幫你提高一下英語程度。」

眼看媽媽不僅不支持自己的想法，還要剝奪自己的喜好，氣憤不已的劉傑大聲地對媽媽說：「如果妳不讓我繼續打

> 停止替孩子做決定

籃球、不讓我自己做決定,那我就離家出走,反正這樣的家我早就不想待了。」

聽到兒子說出這樣的話,媽媽一臉愕然,一時間竟不知道該怎麼做了。她實在想不通,自己的決定明明是為了兒子好,可是兒子怎麼就偏偏不理解呢?

有位作家說過,喜歡一個人,就總覺著他是天底下最笨的,處處都要人操心。顯然,劉傑媽媽就是這樣認為的,她不僅不理解孩子,還違背孩子的意願,強行替孩子做決定。她的這種做法不僅容易造成親子關係的疏遠,還容易讓孩子形成缺乏主見、隨波逐流的軟弱性格。

很多父母常錯誤地認為,告訴孩子你要做什麼、不要做什麼,替孩子做決定、安排好一切,是為人父母義不容辭的責任,但是,他們卻忽略了孩子的心理成長特點。孩子也是在不斷成長與學習的,他們比你更清楚自己的喜好與特長,更知道怎樣的決定才是最適合自己的。雖然,在孩子成長的過程中,父母的管教和約束確實必不可少,但是父母也應該明白,一味地獨斷專行是行不通的,只有把決定權還給孩子,父母與孩子之間才能相處融洽,孩子才能懷揣希望與美好去擁抱生活。說到這裡,不得不提一下,很多父母都認為讓孩子自己的事情自己做主,是遷就孩子的一種表現。但事實上,這是兩個完全不同的概念,不可混為一談。有位育兒專家說:「育兒方法的改變,其實就是教育思路的改觀。」不

第 3 章　直升機父母─不能控制孩子的一生

可否認,父母如果轉換一下自己的教育思路,停止對孩子說「你要……」,把決定權交還給孩子,孩子從中感受到了信任與尊重,那麼勢必也會以自身行動,來匹配你給予他的尊重與信任。

那麼,尊重孩子的意願,停止對孩子說「你要……」,讓孩子自己做決定,父母應該從何做起呢?以下幾種方法可供參考:

1. 讓孩子自己做決定時,父母應該認真分析

父母還給孩子決定權,所體現的不僅是對孩子的一種尊重,更是教育思路的改變。由於年齡層不同、立場不同、經驗不同、思考方式不同,在面對相同問題時,父母與孩子難免會出現分歧。此時,父母應該視具體情況加以認真的分析,在一旁給予指導。

事實上,孩子做出了錯的決定,歷經失敗並不可怕,因為「失敗是成功之母」,是成功的墊腳石,更是人生路上難得的一種經歷與體驗,它會教會孩子如何承擔起自己人生的責任。

2. 徵求孩子的意見後再做決定

當孩子遇到一些難以抉擇的事情而不能完全自己做決定時,父母也應該在徵求孩子同意後再做決定。千萬不要心急

如焚地就幫孩子包辦,不然,只會引起孩子的不滿與抗拒。

所以,就算再想幫助孩子,父母也要記得以尊重孩子的意見為前提,這樣才能更好地幫助孩子形成遇事果斷、勇敢堅強的性格。

3. 尊重孩子的選擇,不橫加干涉

尊重孩子的選擇,不僅可以提升孩子的自信,還可以讓孩子從實踐中認知到自我的價值與存在感,陶冶孩子的情操並提高孩子對生活的熱情。反之,如果父母橫加干涉、獨斷專行,不但會使自己疲憊不堪、難以應對,還容易造成孩子缺乏主見、散漫慵懶的負面性格,甚至會讓孩子產生反抗心理來反抗父母的安排。所以,如果愛孩子,就請停止對孩子說「你要⋯⋯」,把決定權還給孩子吧!只有讓孩子擁有了決定權,自己拿主意做決定,他才會更加正面地成長,自覺規範自己的行為舉止,並成為一個有擔當、有責任感的優秀孩子。

第 3 章　直升機父母—不能控制孩子的一生

別以愛為名，視孩子為自己的附屬品

身體髮膚，受之父母。每個孩子都是父母愛的結晶與延續，但孩子卻並不依從父母而生。很多父母沒有意識到這一點，總是理所當然地把孩子當成自己的附屬品。他們以愛之名，把自己的想法與意願強加於孩子身上，還美其名曰「一切都是為了你好」。但他們不知道，自己這份畸形的愛已經逐漸扼殺了孩子的自由，把天真的孩子變成了一種可以利用的工具。

每個人都有得到心理和生理尊重的需求。孩子也是，哪怕他還小，他也是一個獨立的個體，也一樣具備思想和人格，他不是任何人的附屬品。當父母明白這一點並懂得尊重孩子的興趣愛好、選擇與決定時，孩子才能不斷進步，成長為一個人格高尚的人。

「你是我生的，你就必須聽我的」、「我所做的一切都是為了你好」，生活中我們經常可以聽到類似的話。這也是當下很多父母內心最真實的想法，打著愛孩子的名義，把孩子當成自己的附屬品。

孩子雖因父母而來到這個世界，但是父母與孩子的關係，說白了也就是親人與撫養者的關係。父母對孩子有撫養權，卻沒有所有權。孩子不是你的附屬品，他是一個獨立的

> 別以愛為名，視孩子為自己的附屬品

個體，這種認知體現的不僅是對孩子的一種尊重，更是一種境界與修養。父母也只有具備了這樣的境界，擁有了「孩子不屬於父母」的這種認知，才能把獨立自主當作是對孩子最基礎的教育。

瑞士心理學家愛麗絲‧米勒（Alice Miller）曾經說過：「當孩子被當成父母的私人財產，被父母利用以達到某種目的，一旦父母對他施以控制，他最基礎的成長就會被粗暴地打斷。我們任何時候都必須尊重孩子，將他視為他自己生活的中心，這是孩子人格的最迫切的需求。」

現在，已經有不少開明的父母意識到了這一點，並已經試著做出了些許改變。比如，從小鍛鍊孩子一個人睡覺、一個人獨自上下學、一個人坐車等。學會了事事獨立的孩子與父母的關係依然融洽，因為他們懂得彼此需要相互尊重，也需要自己獨立的私人空間。所以，讓孩子從小就學會尊重他人與合理安排自己的生活，是讓孩子走向獨立的第一步。

相反，父母如果一味地把孩子當作自己的附屬品牢牢地拴在身邊，那麼最終導致的結果就是孩子難獨立、難成長。因為父母總想著把最好的東西直接塞到孩子的手裡，讓孩子照著執行，殊不知，你的這種愛恰恰是在傷害孩子。

要想給孩子最好的教育，首先你得學會尊重孩子，在尊重孩子的基礎之上愛他，給予信任與理解、肯定與支持，這

第 3 章　直升機父母—不能控制孩子的一生

樣才會讓孩子成為真正的自己。說起來容易，做起來難，現實生活中，大部分父母都很難做到這一點。他們把孩子當作自己的附屬品，當作炫耀的資本，當作完成自己心中夢想的工具。他們表面重視孩子、愛護孩子，實際上卻並不尊重孩子，其實他們重視的只有他們自己。

他們重視虛榮，所以他們希望孩子好好讀書、出人頭地；他們重視願望，所以他們希望孩子努力完成他們年少時留下的遺憾與未完成的夢想；他們重視將來，所以他們希望為孩子做一切他們認為正確的決定，並且認為是為孩子好；他們重視權威，所以他們希望孩子能乖乖聽話、守規矩，按自己的意願與想法去生活。

但是這種以愛之名的重視，卻一次又一次地阻礙了親子間的交流與溝通，一次又一次地傷害了孩子的自尊心，嚴重阻礙了孩子的思維發展與自理能力。如果父母將孩子當成自己的附屬品，不給予孩子精神上的自由，那麼總有一天，孩子會在你這種壓力的關愛下窒息而亡。

新聞曾報導過這樣一個慘痛的案例。

8歲的女孩妍妍，如花朵一般的年紀，本該享受著無憂無慮的童年生活。可事與願違的是，她每天的生活都被安排得滿滿的，幸福的童年對她來說似乎是一種奢望。她每天除了準時去學校上課外，放學後還要不停地去上各種補習班，過著單調而貧乏的生活，沒有玩伴，沒有自由，更不能選擇

> 別以愛為名，視孩子為自己的附屬品

做自己喜歡的事情。這樣的壓力對於一個才上小學三年級的孩子來說，是何其沉重。妍妍曾多次嘗試著與父母溝通，希望能減少一些額外的補習，可是父母每次都說：「我們這還不都是為了妳好。」

可是，報了這麼多的補習班，妍妍的成績卻並沒有進步。父母百思不得其解，詢問補習班老師才發現，原來孩子由於太累而導致經常在課堂上睡覺，就算勉強聽課也是精神恍惚、注意力不集中。聽到老師這樣的描述，妍妍父母卻依然沒有做出改變，在他們看來，孩子現在吃點苦，將來才會更輕鬆，收穫更多的幸福。

就這樣，長期處於高壓政策下的妍妍，最終因不堪忍受父母這份沉重的愛，在一個清晨，從窗臺上一躍而下，結束了自己如花的生命。

此時，妍妍父母才追悔莫及，後悔不該對女兒太過嚴厲與苛責。只是，再多的後悔與懊惱也無法挽回女兒的生命了。

其實，整個事件的導火線無疑就是妍妍的父母，他們自私地把孩子看成了自己的附屬品，打著愛的旗號，強行干預著孩子的生活。身為父母，是否有那麼一刻反思過自己的行為呢？既然是愛孩子，希望孩子一切都好，那麼孩子身為一個獨立的個體，父母有尊重過孩子的想法與意願嗎？有給孩子自由選擇與獨立自主的機會嗎？沒有，孩子在他們的眼裡，完全變成了附屬品，完全得按照他們的想法與意願來做事。

079

第 3 章　直升機父母─不能控制孩子的一生

可是，面對孩子的逃避與反抗、叛逆與自殘，這樣的結果，真的是教育的初衷嗎？父母和孩子從中感受到幸福了嗎？父母應該明白，養育孩子是你的選擇與責任，並不是一種投資。你付出了多少，就要求孩子必須回報你多少，這是一種錯誤的教育理念。愛孩子不應該以占有為目的，更不應該將孩子當成自己的附屬品。

最後，我想引用著名家庭教育專家的一段話來作為結尾：「任何一個孩子都只屬於他自己，他需要有自己的思想、人格、尊嚴，需要有自己為自己規劃的人生之路，同時也依靠自己的努力去走他想要走的道路，而這一切，都是父母所不能主宰的，也是不能隨便干預的。」

不要讓愛成為孩子的牢籠

「愛」與「控制」從字面意思上看，似乎是兩個毫不相干的詞。可是在家庭教育中，這兩個詞卻是緊密相連的，很多父母通常以愛之名，對孩子行控制之實。父母這種自以為愛的控制欲，常在無形中對孩子的生活造成非常嚴重的傷害，影響孩子的自我成長。

下面這個案例，或許會讓父母們對自己的愛有一個全新的認知。

一位年輕的媽媽帶著6歲的女兒去商場買裙子。進入一家童裝店，媽媽和藹可親地問女兒：「妳想要碎花裙還是公主裙呢？」

小女孩認真地考慮了一下，對媽媽說：「不，我只想要一條白裙子，像天使羽毛那樣的白色裙子。」

聽到女兒的回答，媽媽微微地皺了下眉，說：「乖，我們還是買碎花裙吧！白裙子太不耐髒。」

「不要嘛，我就要白裙子，因為白色的穿起來會讓我像個小天使。」小女孩不依不饒地堅持著自己的觀點。

「可是小天使如果把裙子弄髒了，也不好看了呀，還是換花裙子吧！」媽媽還在苦口婆心地勸說著女兒，希望女兒能改變主意。

第 3 章　直升機父母─不能控制孩子的一生

「不要,反正我就要買天使穿的白裙子。」最終,在小女孩的不斷堅持下,媽媽還是選擇了妥協,購買了那條白裙子。

不過,這位媽媽一邊付款,一邊不高興地埋怨著孩子:「妳這孩子怎麼都說不聽呢?都告訴妳白裙子不耐髒了,妳還一定要買!」

本來如願以償購買了自己心儀的白裙子後,小女孩是很高興的,可是當聽到媽媽的埋怨與責備後,小女孩的眼神逐漸變得黯淡起來,之前購買裙子時的快樂也大大地打了折扣。

生活中,類似的場景經常出現。表面看起來,媽媽很民主,也尊重了孩子的意願,但實際上,媽媽的控制欲還是顯而易見地表現了出來。白裙子不耐髒確實有一定的道理,然而,這僅僅是媽媽個人的想法與感受,所以她一直試圖用各種理由與藉口來說服女兒接受自己的觀點,當女兒的行為與她內心所期待的行為不一致時,她就有些難以接受了。儘管到最後,媽媽滿足了女兒的願望,但是孩子擁有白裙子的快樂卻大不如前。

可能這位媽媽會不服氣地為自己辯解:「這樣做也是為了孩子好呀,哪有控制孩子?況且到最後不是也滿足孩子的要求了嗎?」這個理由看起來似乎很合理,但是,日常生活中又有多少孩子會像這個小女孩一樣堅持己見呢?如果媽

不要讓愛成為孩子的牢籠

媽一味地獨斷專行,那麼孩子是很容易屈服於父母的控制之下的。

身為父母,不要試圖讓你的「愛」成為你控制孩子的藉口、成為阻礙孩子身心發展的枷鎖與牢籠,而應該尊重孩子的想法。為此,父母們不妨這樣做。

1. 提供孩子更多探索的空間

孩子的小腦袋中隱藏了無限潛能,父母千萬不要小看了自己的孩子。只要是他感興趣的、喜歡的,他都願意去進行嘗試與探索,所以一旦孩子對身邊的某項事物表現出了濃厚的興趣,父母應在保證安全的前提下,給予孩子更多的探索空間。

2. 某些原則可以適當有些彈性

人們常說「沒有規矩,不成方圓」。雖然規矩的制定是為了更好地規範人們的行為準則,但是規矩的實施也不能太過於死板。比如,孩子正常上學時是6點起床,但是在假日,如果孩子想睡晚一點,父母也不要太過於嚴苛了。在某些原則上適當地有些彈性、更人性化一些,這樣有張有弛,孩子也樂於接受。

3. 選擇替代的非控制語言模式

　　同樣的話，如果換種方式來講，孩子聽起來覺得舒服，也許就會更容易理解與接受了。比如，孩子在洗澡的時間卻依然心心念念著喜歡的卡通，而不願去洗澡時，父母就可以考慮用「你……我……」等非控制性的語言模式來對孩子說：「你很想坐在這裡看卡通是嗎，那我們去試試看洗澡時能不能聽到卡通片的聲音，好不好？」孩子在這種好奇心的驅使下，或許就會立刻行動起來了。

4. 幫助孩子要注意掌握一個限度

　　雖然說，孩子的成長離不開父母的幫助，但是父母在幫助孩子時，也要切記掌握好一個限度。不僅要注意語言與行為的表達方式，而且不能隨意貶低與否認孩子的付出。你的輕視與責備只會打擊孩子的自信，讓孩子變得自卑與膽小。

　　人世間最偉大的愛莫過於父母對子女的愛，但是，真正的愛不是控制，而是無私的、不求任何回報的。如果父母真的愛孩子，那麼請相信自己的孩子，相信他的選擇能力，也請懷揣著美好與希望去教育孩子，不要讓愛成為控制孩子的藉口。父母必須明白，只有儘早放手讓孩子去嘗試生活的酸甜苦辣，孩子才能更好地體驗人生，才能更好地成長。

放棄控制，適度「留白」

在美術創作中，有一個名詞叫「留白」，意思是指繪畫者在作畫時並不會把整張畫紙畫滿，而是會故意留下一些空白之處，供人揣摩。就比如，著名畫家齊白石畫蝦，基本上都是寥寥幾隻蝦便占據一大張畫紙，雖空白之處甚多，但仔細觀賞卻大有意境。而這種留白，父母若能有效地加以運用在教育孩子的過程中，試著放棄自己的控制，給孩子一些自由成長與獨立思考的空間，尊重並支持孩子的想法和意願，那麼孩子在體驗與探索人生的旅途中，也將能更好地增加自己豐富的人生閱歷與經驗。

相信美國前總統富蘭克林・德拉諾・羅斯福（Franklin D. Roosevelt）的故事，能給家長們一些啟發。

美國前總統富蘭克林出生在一個非常民主的家庭。從小到大，他的父母從來不以高高在上的姿態來試圖壓制與影響他的喜好，也從來不以自己的意願來安排富蘭克林的人生。

在一些非原則性的問題上，母親薩拉・羅斯福（Sara Roosevelt）從來不控制富蘭克林的想法與行動，也不反對他的興趣與愛好。她只是在孩子處於迷茫時候，適當地提出一些可行性的建議，但至於是否採納，最終的決定權還是在富蘭克林的手裡。這種教育方式，不僅有效促進了富蘭克林與

第 3 章　直升機父母—不能控制孩子的一生

母親之間的良好關係,而且還使得富蘭克林從小就非常有主見。

在他 5 歲的時候,富蘭克林有天非常不高興地對母親薩拉說:「媽媽,我不快樂,因為我並不自由。」薩拉想,難道是自己平時對孩子太過於嚴厲,導致孩子不開心了嗎?想到這裡,薩拉決定從明天開始再多給富蘭克林一些自由。

第二天,薩拉就開始放手這樣做了。她對兒子的日常生活不做任何規定,給予富蘭克林充分的空間與自由,讓他隨心所欲地做他自己喜歡的事情。享受到自由的富蘭克林原本很高興,可是沒過多久,他就漸漸地發現,被人忽視的自由其實一點意義都沒有。於是,他又主動讓母親薩拉安排起了他的日常生活,並且自願地按平時的日程作息,覺得心滿意足。

也正是因為母親薩拉在教育中充分尊重了富蘭克林的意願與想法,才使得母子之間相處融洽,同時也為富蘭克林日後取得的成功奠定了基礎。學會讓孩子適度留白,這恰恰也是薩拉教育孩子取得成功的關鍵。

其實,讓孩子適度留白,首要的前提便是要學會尊重。那麼,尊重的內涵又是什麼呢?心理學家認為,尊重的基本含義是把自己和他人看成一個獨立的、自由的、完整的,具有獨特個性、人格和尊嚴的個體。尊重也就意味著接納、平視、理解和寬容地看待孩子的所作所為,意味著你要放棄對

> 放棄控制，適度「留白」

孩子的控制，給孩子更多的發展空間與自由，並且在此過程中，你還應該為孩子樹立一個正確的典範。

但尊重並不意味著就是放任孩子自流而聽之任之，也要講究適度的原則。在遵守規則的前提下，留出適當的空間與自由，鼓勵孩子在自我發展的同時逐漸成長為一個獨立的個體，並承擔起自我的責任。父母要明白，尊重孩子不是替代，不是強迫，更不是剝奪，而是要學會放棄對孩子的控制，讓孩子適度留白。

那麼，父母應該如何讓孩子適度留白呢？以下幾點建議，或許能幫助到你。

1. 保護孩子的隱私

雖然孩子是依從父母才來到這個世界的，但孩子也是一個獨立的個體，也有自己的思想與人格，也理應享受到被尊重的權利。

所以，父母若愛孩子，就請不要隨意侵犯孩子的私人空間，如偷聽電話、偷看聊天交友訊息等，尊重並保護孩子的隱私。在教育的過程中不要輕易地破壞孩子對你的信任，要適度地讓孩子留白，讓其輕鬆快樂地成長。

2. 做孩子成長中的配角

在孩子的成長過程中，父母應認清主次關係，切忌做一些喧賓奪主、矯枉過正的事，更不要隨意替孩子規劃未來。雖然，孩子的成長離不開父母的幫助與引導，但無論何時何地，父母都應該做好配角的本職工作，學會放手把選擇權與決定權還給孩子，讓孩子成為生活的主角，並給予他們充分的空間與自由。

3. 不要把自己的思想強加給孩子

生活中，很多父母常用自己的權威、思想與高高在上的姿態，不斷向孩子灌輸著自己的經驗之談，卻不知，這樣做只會造成雙方更多的分歧與矛盾。聰明的父母往往都是這樣做的，他們會與孩子平等而耐心地溝通交流，並站在孩子的立場上去思考和處理問題，既不把自己的思想強加於孩子身上，也會給予孩子作為一個獨立個體所享有的權利。

4. 理解和認同孩子的所作所為

網路上曾流傳著這樣一句話：「有一種冷，叫你媽覺得你冷；有一種餓，叫奶奶覺得你餓。」父母總是習慣性地以自己的思考方式來判斷孩子的行為，並以此做出推斷，可是，到底冷不冷、餓不餓，孩子是最清楚不過的。

> 放棄控制，適度「留白」

父母不應該一味地否定孩子的做法，應給予孩子親自體會的機會，理解並認同孩子的行為。孩子只有親身經歷過後，才會學會正確地判斷事情的對與錯。

俗話說：「水滿則溢，月盈則虧。」而佛家亦有云：「殘缺就是圓滿。」所以，父母對待孩子的人生不應該太過於苛責、太力求完美。在孩子成長的路上，父母要學會放棄自己的控制，讓孩子適度留白，不斷鞭策、激勵他們，幫助孩子更好地成長與進步。

第 3 章　直升機父母—不能控制孩子的一生

第 4 章
好的教育 ——
讓孩子成年又成人

　　家庭是孩子的第一所學校，父母是孩子的第一任老師。好的教育，是讓孩子成年又成人；好的父母，一定不會嬌慣孩子。要明白，孩子才是自己人生舞臺的主角，在幕後的父母，可以輔助，絕不能替代。

　　不過多包辦、不過度保護、不過分溺愛、不干涉指責，父母唯有摒棄嬌慣孩子的教育觀念，才能培養孩子獨立健全的人格，促進孩子健康快樂地成長。

第 4 章 好的教育―讓孩子成年又成人

父母包辦一切，孩子就一無是處

華人父母習慣包攬一切，孩子的一舉一動，都給予明確、詳盡的指示和幫助。

孩子小時候，他們嚴格規定孩子的生活習慣、活動範圍、讀書的方法、興趣愛好的選擇；孩子大一些，他們又干涉孩子的大學科系選擇、畢業工作選擇、生活伴侶選擇等，真是操不完的心，管不完的事。他們自認這是為孩子好，然而卻是在以愛為名剝奪孩子自由成長的權利。

父母代勞了本應該由孩子自己做的一切，把自己的付出強行作為孩子成長的一部分，而不是為孩子的自主成長創造良好條件。結果，這種做法一點一點扼殺了孩子的自我意識和獨立能力。家長應該意識到，在孩子的人生舞臺上，他們才是主角，而我們的工作重點應該在幕後，應該是輔助而不是代勞。捨得放手，不僅是自身的解脫，更是對孩子獨立生存能力的重視。否則，孩子在你身邊永遠也長不大。

父母在教養孩子的時候，往往只關注孩子的智力發展和身體健康，卻忽視了培養孩子的社會適應能力，有些孩子上了小學依舊如同幼童，連起碼的獨立生活能力都沒有，這不能不說是家庭教育的失敗。

> 父母包辦一切，孩子就一無是處

倘若父母還不及時更正自己的錯誤行為，孩子就會進入惡性循環，以後什麼事情都要依靠別人，沒有主見、沒有自主性，永遠都會找別人幫忙。

今天的孩子，許多成長機會都被父母的溺愛剝奪了，因此獨立自主的能力越來越差。父母過分的愛子之心，會使孩子沒有鍛鍊自己、自我獨立的機會。

除了對孩子的溺愛，還有一個原因，就是父母對孩子的不信任。一些父母忽視了孩子是獨立個體的事實，即使孩子有自己的想法，父母也不會聽取他的意見，一切皆由自己說了算，對孩子穿哪件衣服、吃哪種食品都有明確規定。其實，這些事情孩子完全做得了，根本不需要家長代勞。

真正懂得疼愛孩子的父母，應該關注的是孩子長大以後能否獨自應對外面的世界。將一個習慣了凡事由父母代勞、自己毫無自我生存能力的青年推入未來社會，是非常殘忍的事情，也是我們不願看到的局面。想使孩子成年又成人，就必須從小培養他的自立與自信。如果我們替孩子做了所有的決定、代勞了所有事，這樣成長的青年，外表像個成人，內心卻是個孩童。事實上，我們那些自以為「為他好」的行為，硬生生剝奪了孩子發展自己能力的權利，而這恰恰是孩子成長最珍貴的要素。

第4章 好的教育—讓孩子成年又成人

只會享受生活,如何撐起生活

生而為人,終有一天要承擔起家庭與社會的責任。如果孩子只會享受生活、得過且過,那麼,未來踏入社會與職場,孩子很可能就會遭受被拒絕或辭退的待遇。人們要想在社會中賴以生存、要想在未來的生活競爭中脫穎而出,尋求一片立足之地,就必須要熟練地掌握一些職業技能與專業知識,並且具備吃苦耐勞的品格。

古人云:「生於憂患,死於安樂。」這句話大概意思是說,人只有在憂患中才能得以生存,反之,如果一味地享受安樂,那麼終有一天會自取滅亡。這句話警醒著人們,隨時隨地都要用一種危機意識來鞭策自己。

現今,隨著生活條件的逐漸好轉,父母總希望提供孩子更好的物質生活,以至於越來越多的孩子只會享受生活,而沒有半點危機意識。

面對這些享受生活的孩子,一些父母還理所當然地認為,只要孩子長大了,自然就好了。但實際上這種想法是錯的,現在只會享受不會吃苦的孩子,將來又該如何撐起生活?難道天上會掉餡餅嗎?不會。在該吃苦的年齡選擇了坐享其成、安穩度日,長大後面對生活的壓力與工作的繁重,他又拿什麼來獨自面對困難、承擔責任呢?

只會享受生活,如何撐起生活

曾看過這樣一篇報導:

有一對父母,他們含辛茹苦、省吃儉用地把兒子養大。從小到大,孩子除了讀書,父母什麼家事都沒讓他做過,而且對孩子的要求也是千方百計地予以滿足。在這種教育中長大的孩子在大學畢業開始工作後,總是不停地抱怨工作的繁重與壓力。在他看來,工作就是一件吃力不討好的苦差事。抱著這樣的想法,他每做不到一個月就會辭職,因為他總是不願早起與加班。這也導致了畢業兩年後的他依然閒賦在家,心安理得地享受著父母的供養,甚至,對於父母的指責,他還振振有詞地說:「如果你們不能提供我一輩子優渥的生活,那為什麼小時候又事事滿足我、對我那麼嬌慣?」

孩子只會享受生活,卻害怕吃苦,這當中除了自身懶惰的原因外,更與父母溺愛式的教育息息相關。雖然父母提供了孩子物質上的享受,卻忽略了孩子精神上的鍛鍊。這也就造成了孩子只會一味地索取與享受,卻不會吃苦與感恩。父母應該明白,有時候適當地讓孩子吃些苦頭,未必就是壞事。不是有句老話說「由奢入儉難,出儉入奢易」嗎?孩子可以從吃苦的過程中感受勞動所帶來的價值,並從中增強自己的責任感。

相信大家都聽過鑿壁借光的故事吧!從這個故事中,我們或許可以得到一些啟發。

第 4 章　好的教育—讓孩子成年又成人

西漢時期,有一個著名的大學問家名叫匡衡。小時候他非常喜歡讀書,為了讀書,他經常是到了廢寢忘食的地步。可是無奈家裡很窮,根本就買不起油燈,一到晚上就沒有辦法看書了。為此,匡衡常常苦惱不已。

有天晚上,翻來覆去睡不著覺的他突然發現,自己房間的牆壁上似乎有一絲微弱的亮光透射了進來,他趕緊起床一看,才發現原來是自己的牆壁裂了些許縫隙,導致鄰居家的燈光從裂縫中透了過來。欣喜不已的匡衡看到後,立刻想出了一個辦法。他找到一把鑿子,將牆壁的裂縫處細細地鑿出了一個小孔。鑿完後,一道燈光立刻就照射了過來。

從此以後,每天晚上,匡衡靠著牆壁,藉著鄰居家微弱的燈光,認認真真地看起書來。一年四季不管颱風下雨,從未間斷過。也正是由於匡衡從小勤奮好學的態度與堅強不息吃苦耐勞的精神,使得他後來成了一名知識淵博的經學家。

無數事實證明,從小不貪圖享受的孩子,長大後必定也不會被生活的磨難所輕易打敗。《孟子》中有段話說:「天將降大任於斯人也,必先苦其心志,勞其筋骨,餓其體膚,空乏其身。」因此,父母如果想要為孩子營造一個美好的未來,就不妨從小鍛鍊孩子吃苦的毅力。不然只會享受生活的安逸,孩子又怎麼能明白生活背後的艱辛呢?

如果父母真心愛自己的孩子,為了孩子的將來著想,就一定不要嬌慣自己的孩子,一定要趁早讓孩子學會吃苦。吃苦,磨練的不僅是孩子日後對待生活的態度,更能培養孩子

堅持不懈的毅力與永不言棄的決心。正所謂「吃得苦中苦，方為人上人」。身為父母，不妨讓你的孩子多吃點苦頭吧！也只有在吃苦下長大的孩子，才能更好地撐起未來的生活與責任。

那麼，面對享受生活的孩子，父母應該如何做才能讓他們學會吃苦呢？

1. 轉變自己的教育思想觀念

天下的父母都希望自己的孩子能成為有用之才，但要想讓自己的想法變成現實，父母首先就要轉變自己的教育思想觀念，捨得讓孩子吃苦。

2. 學做狠心父母，讓孩子吃苦

為了孩子將來著想，父母不妨把眼光放長遠一些，學著做一回狠心父母，讓孩子吃苦，感受一下生活的磨難與不易。而吃苦也將不斷豐富孩子的人生閱歷，陶冶孩子的高尚情操，培養孩子的自理能力與獨立人格。

3. 培養孩子吃苦的信念與精神

俄國著名作家列夫・托爾斯泰（Leo Tolstoy）說：「想成為幸福的人，首先就要學會吃苦。幸福並不在於外在的原因，

而是以我們對外界原因的態度為轉移,一個吃苦耐勞慣了的人就不可能不幸。」

在對孩子的教育中,父母可以主動對孩子進行吃苦教育來培養孩子吃苦的信念與精神。而孩子一旦具備了這種勇於吃苦的精神,自然也會笑對生活,勇於迎接生活中的各種挑戰,用智慧和雙手去創造美好的未來。

一味「護短」，孩子要怎麼分辨對錯

現今，家庭中所有人的愛都傾注在了孩子身上，導致孩子成了家庭中地位最高的人，也導致「熊孩子」越來越多。雖然「熊孩子」令人討厭，但是更讓人氣惱的是「熊孩子」背後那些「護短」心切的父母。

每當孩子與他人發生衝突時，那些「護短」的父母總是不問是非對錯，事事護著自己的孩子，擺出一副我家孩子沒錯的姿態。正所謂一個巴掌拍不響，當衝突發生時，一味地指責別人孩子的錯，不承認自己孩子身上的問題，其實就是不敢承認和面對自己的問題。

殊不知，正是這種「孩子別怕，爸爸媽媽來替你擺平」的「護短」心態，才讓孩子逐漸養成了唯我獨尊、自私自利的思考模式。要知道，「護短」不是對孩子的保護，而是對孩子的傷害，這種教育方式會讓孩子養成無法無天的性格，甚至讓孩子走向深淵。

所有的孩子都是父母的心頭寶，都是父母眼裡最棒、最完美的。雖然父母都希望孩子能成為一塊美玉，但是所有的美玉，都是由璞玉雕琢而成的。要想把孩子打磨成美玉，就要清楚孩子需要提升的地方，幫助孩子完善自己的不足。而那些護子心切的父母，明知孩子是塊璞玉，卻偏要說孩子是

第 4 章　好的教育—讓孩子成年又成人

一塊美玉，不僅自己不肯承認孩子的不足之處，還不允許別人說孩子的半點不是。

如果孩子在犯錯時，父母沒有對其進行及時的引導和糾正，而是一味地袒護，孩子就不會意識到自己的不足，就會認為自己永遠都是對的，從而變得越來越霸道、驕橫，不知道什麼是對的、什麼是錯的。

要知道，孩子終究會長大，如果今天父母一味地「護短」，那麼明天孩子就可能會捅出你再也護不住的簍子。當孩子步入社會後，再做出一些霸道的行為時，就再也沒有人會護著他、包容他了。常言道「慣子如殺子」，你捨不得教育，總有人會替你教育。

俗話說「養不教，父之過」。要知道，家庭教育是所有教育中時間最長、影響力最持久的一種教育，它遠比學校教育、社會教育重要得多。

古人說「人非聖賢，孰能無過」，是人都會犯錯，更何況是孩子呢！但古人也說「知錯能改，善莫大焉」，也就是說，人犯錯之後，只要能知道錯在哪裡，並改正自己的錯就好。

然而，有些父母在孩子犯錯時，經常以「孩子還小，不懂事」、「孩子還小，長大了就好了」為由袒護孩子，連教導都只是做做樣子。在這種家庭中長大的孩子，又如何知道自己錯在哪裡，並積極改正呢？要知道，當犯錯成本降低，甚

> 一味「護短」,孩子要怎麼分辨對錯

至不用承擔責任,連指責都不用面臨時,再次犯錯就會變得理所當然!毫無疑問,一味地「護短」就是家庭教育悲劇的開始。

那麼,父母要如何教育孩子,讓孩子知道對錯呢?聰明的父母在孩子犯錯時,不會縱容孩子、袒護孩子、包庇孩子,而是讓孩子為自己犯的錯承擔責任,讓他們明白犯錯是要付出代價的。這些代價既包括孩子犯錯所造成的經濟損失和輿論影響,也包括對孩子進行的懲罰。

總而言之,當孩子犯錯時,父母不能一味地「護短」,而是要讓孩子為自己所犯的錯買單,明白犯錯是需要成本的,這樣才能讓孩子學會承擔責任、明辨是非。

第4章 好的教育─讓孩子成年又成人

慣子如殺子，釀出人生苦果

現代社會少子化的趨勢，造就很多家庭都是許多大人共同養育著一個孩子的模式。在這種特殊的育兒模式下，家長難免對孩子過於縱容和溺愛，總是習慣替孩子包辦一切，久而久之，便讓孩子被嬌慣成了無法無天、任性而為的「混世小魔王」。

很多父母一味地溺愛與縱容孩子，卻不教會孩子明辨是非的能力、不教會孩子如何感恩與回報，在孩子犯錯後不加以糾正與引導，反而拿孩子小當藉口。殊不知，終有一天，你的過度縱容將成為孩子誤入歧途的導火線。可以說，過度縱容孩子，對孩子養而不教，是為人父母最大的失敗與過錯。

當今社會，青少年犯罪的趨勢日漸上升，案情越來越重，犯罪的年齡也越來越小。究其原因，很多都是父母養而不教造成的。很多父母對孩子百依百順，過度縱容，千方百計地滿足孩子對物質和金錢的欲望，生怕委屈了孩子。於是，越來越多的孩子在這種家庭教育環境中，養成了自私自利、冷酷無情、好逸惡勞、肆意而為的行為習慣，並最終釀出了人生的苦果。

媒體曾報導過這樣一個事件。

> 慣子如殺子，釀出人生苦果

年僅30歲的死囚兒子在即將被執行死刑的前幾天，將前來替自己送行的母親的一隻耳朵硬生生地咬掉了，咬下後還用帶著仇恨的目光，對癱坐在地上的母親歇斯底里地喊叫道：「我恨妳，都是妳把我害成這樣的……」

究竟，他和母親有多大的深仇大恨？他為什麼要在即將離開人世的最後時光裡，這樣殘忍地對待十月懷胎將自己生下，並含辛茹苦養大的母親呢？

原來，母親從小對他就非常溺愛與縱容。只要是兒子想做的、想要的，母親無一例外都會想盡辦法去滿足。讀小學時，他有一次在學校將同學打傷了，不僅受到老師的責罵，還被學校記了警告處分。回家後他將此事告知了母親，母親一聽竟然火冒三丈，拿起電話不問青紅皂白，劈頭就在電話裡將老師罵了一遍。罵完後依然沒有消氣的母親，轉身又帶上兒子氣勢洶洶地闖進學校，跟校長拍桌子發脾氣，說：「不就隨便打幾下嗎？又不會真的把人打死！打傷了人直接找我要醫藥費就好，有什麼大驚小怪的，出了事我頂著！」

回家的路上，母親還不忘叮囑兒子：「以後誰欺負你，你就用力打，實在打不過就跑。放心，媽媽會為你做主的！」就這樣，在母親的這種縱容與溺愛下，兒子的行為舉止越來越出格。

15歲那年的一天晚上，他趁家中的管家洗澡時，竟然故意砸破浴室的窗戶，拉開門栓，企圖強行姦汙正在洗澡的管家。而這時，母親剛好從外面回來，見此情景，不僅不阻止，反而大聲訓斥奪門而出的管家：「妳跑什麼呀！看看又不

103

第 4 章　好的教育—讓孩子成年又成人

會少幾塊肉，再說這肯定是妳自己洗澡不檢點，有什麼大不了的！」

不僅母親如此，父親在聽說此事後，也笑著對兒子說：「臭小子，這說明你長大了。」

就這樣，兒子在父母這種過度縱容的教育環境中，從打架鬥毆，到殺人強姦，最終走上了一條不歸路。

父母的溺愛與縱容，為何到最後變成了讓孩子誤入歧途的傷害？因為每一個「混世小魔王」背後，總站著一個蠻不講理的父母。在上面的案例中，我們可以發現，正是因為父母無底線、無原則的縱容與溺愛，最終導致兒子在錯誤的道路上越走越遠。父母應該明白，一味地溺愛與縱容，並不是愛孩子，而是害孩子，你的愛並不會換來孩子的感恩戴德，反而有可能是大逆不道。而面對孩子的錯誤行為，很多父母總是說，孩子還小他不懂。可是他小你不小，他不懂你懂啊！你能保證他長大後就能改掉惡習、明白是非對錯嗎？為人父母，你心疼孩子，你可以原諒自己的孩子，可是外面的世界不會輕易選擇原諒。如果你現在不捨得教育孩子，那麼將來社會上就一定會有人替你狠狠地教育。

慣子如殺子，嬌縱養廢物，這是亙古不變的真理。父母的教養方式在相當程度上決定了孩子以後的人生，父母的素養決定著孩子未來的氣質。就如某紀錄片中所說的那樣：「每個孩子生下來都是一張白紙，父母就是作畫的人，白紙變成

什麼樣,關鍵在父母。」如果你希望孩子未來是一個懂禮貌、尊孝道,對家庭、社會負責的人,那麼就需要從現在開始,放棄你的溺愛與縱容,幫助孩子逐步建立起明辨是非曲直、認清真假美醜的優良性格與健全的思想,讓孩子遠離這些不良行為。

那麼,父母應該怎樣做,才能不過度縱容孩子,避免孩子誤入歧途呢?以下幾點建議,值得借鑑。

1. 為孩子設立規矩

俗話說「不以規矩,不能成方圓」。任何事物只有有法可依、有章可循,才能完整而有序地進行周而復始的輪迴。教育孩子亦是如此,父母不妨替孩子設立一些規矩,來更好地規範與約束孩子的行為,讓孩子在這種約束下,身心健康地學習與成長。

2. 犯了錯就要虛心接受責罰

很多父母在孩子犯錯後,不忍心責罰。但為了對孩子的將來負責,父母必須讓犯了錯的孩子虛心接受責罰,讓孩子從中體會到自己的錯誤行為所引發的後果是什麼。哪怕在此過程中,孩子可能會萎靡不振,可能會因此而受傷,父母也要狠下心來,而這也是對孩子的一種磨練與考驗。

3. 不要毫無底線地滿足孩子

父母愛孩子，自然就想給孩子最好的、滿足孩子的一切要求，但這種想法恰恰是錯的。你若對孩子的要求毫無底線地一味滿足，那麼孩子根本不會珍惜自己所擁有的一切，他會認為這一切都是他理所應得的。

4. 讓孩子適當做家務

讓孩子做家務的目的，就是讓孩子從勞動中體會到責任的意義。責任不是與生俱來的，需要從小培養與鍛鍊。讓孩子在做家務的過程中，慢慢地體會生活的不容易，這樣他才能充滿責任感，才能更好地成長。

兒童學家魯道夫・德雷克斯（Rudolf Dreikurs）說：「孩子必然不會成為天使，但你們始終可以成為更好的父母。」所以，為了孩子的將來，父母不妨從現在開始，改變過度縱容與溺愛的教育方式，放手讓孩子去體驗生活、感知生活，讓孩子在生活的歷練下逐漸成長為一個有責任感、有使命感，並勇於擔當的人。

拒絕不合理的要求

「媽媽，我想買個智慧手錶」、「爸爸，買個變形金剛給我」……你是否經常會聽到孩子提出類似的要求呢？生活中，很多父母常抱著「再苦不能苦孩子」的教育理念，對孩子提出的要求立刻應允，哪怕孩子的要求是不合理的，父母也會選擇滿口答應。

但是，這種毫無原則與底線滿足孩子要求的方式，並不會讓孩子感恩你，反而還會讓孩子形成以自我為中心的霸道性格，只會一味地索取，卻不懂得考慮身邊人的感受。

父母應該明白，滿足孩子的要求應以家庭經濟條件與有利於孩子身心健康發展為前提，不然只會引發孩子過多的欲望，造成孩子的貪婪。而一旦父母無力滿足時，孩子勢必就會埋怨父母，甚至為了滿足一己私欲而走上犯罪的道路。

英國著名教育家約翰·洛克（John Locke）認為，父母必須讓孩子知道，世間萬物並不是你想要就能得到的，對於孩子的不合理要求，應該果斷予以拒絕，絕不能因為孩子年齡小或者哭鬧不止就有求必應。應該讓孩子懂得，這個世界不是以他為中心，所以他必須學會控制自己的情感與行為。

我們來看一下晨晨的爸爸是怎麼做的。

第 4 章　好的教育—讓孩子成年又成人

　　吃過晚飯，晨晨在客廳看卡通。卡通裡正播放著主角喝牛奶的情節。受此影響，晨晨對正在一旁看書的爸爸說：「爸爸，你看他在喝牛奶，我也要喝，你快去幫我買！」

　　爸爸皺了皺眉說：「剛吃完晚餐，又吃了些水果，就不要再喝牛奶了。」

　　「不行，我就是要喝！」晨晨態度堅決。

　　「你這個孩子怎麼不聽話呢？晚上吃這麼多了，現在再喝牛奶，等一下你肚子會不舒服的！」爸爸依然不同意孩子的要求。

　　「不行，反正我現在就是要喝，你快點去買！」晨晨邊說邊開始哭鬧起來。

　　正在收拾碗筷的媽媽聽見了孩子的哭鬧聲，無奈地對孩子爸爸說：「不然你就去幫他買吧！」

　　「不行，現在不是適合喝牛奶的時間！」爸爸嚴厲地說道，「就讓他哭，不要理他！」

　　眼看著爸爸對自己的要求不予理睬，晨晨只好使出了殺手鐧，趴在地板上打起了滾，並且一邊哭，還一邊偷偷地從手指縫裡觀察父母的反應。但是，爸爸還是在看他的書，媽媽則收拾廚房去了。

　　最後，自感無趣的晨晨哭聲越來越弱，自己乖乖地從地板上爬起來坐回了沙發上，一聲不吭地繼續看起了電視。

　　此案例中，正是由於父母對孩子的哭鬧置之不理，使得孩子最終意識到自己的要求父母是不會滿足的，所以最後才

拒絕不合理的要求

選擇了放棄。同樣，生活中，父母若能在孩子的哭鬧中堅持自己的原則，那麼孩子也不會輕易用哭鬧來脅迫父母了。

著名教育家瓦西里‧蘇霍姆林斯基（Vasyl Sukhomlynsky）曾這樣寫道：兒女一高興，爸爸媽媽就高興，越往後，兒女就越認為自己的行為合理。父母如果不加以引導與糾正，那麼孩子的行為表現就會被他自己的欲望所驅使，他對生活就會產生越來越多的要求，對自己的行為卻不會加以任何約束。久而久之，孩子就會成為貪得無厭、為非作歹的壞人。

所以，對於孩子所提出的不合理要求，父母應該學會拒絕，也只有拒絕，才能幫助孩子更好地成長。那具體應該如何去做呢？

1. 提前告訴孩子不可提出不合理的要求

在外出購物或答應孩子的要求時，父母應提前與孩子約法三章，提早向孩子說「不」，如果孩子提出了不合理的要求，父母也要想方設法轉移孩子的注意力，把孩子不合理的要求及早杜絕在萌芽狀態。

2. 告知孩子他的要求為什麼得不到滿足

美國西北大學雷‧湯普森教授建議，要向孩子耐心解釋，父母為什麼不能滿足他的要求。

109

第 4 章　好的教育—讓孩子成年又成人

比如，夜裡十一點，孩子要放音樂時，父母就可以這樣告訴孩子：「你這麼晚放音樂，會把隔壁鄰居都吵醒，這樣別人會生氣的，因為睡眠品質不好就會影響第二天的工作。」雖然，孩子不一定能聽懂，卻可以讓孩子從中明白一個道理，那就是他的所作所為會對別人造成影響，父母拒絕他，是希望他能適當地考慮一下他人的感受。

3. 採用冷處理的方式

當孩子的要求沒有得到滿足時，難免會透過發脾氣、無理取鬧來發洩心中的不滿。在這種情況下，父母不妨嘗試冷處理的方式，對孩子的行為不做任何理睬。事後，父母可以對孩子就事論事、講道理進行解釋與說明。一定要注意，千萬要沉著冷靜地對待孩子的哭鬧行為，既不可屈服遷就，也不要心生憐憫和孩子討價還價，不然，孩子以後便會用這種方式繼續對你進行威脅。

4. 不要讓孩子盲目比較

盲目比較通常是以愛慕虛榮為基礎，所追求的是一種「別人有我也要有，別人沒有我也要有」的比較心態，以此來顯示自己與他人之間的「公平」，甚至我好過你的待遇，從而獲得自己心理上的滿足。

> 拒絕不合理的要求

　　長期處於這種盲目跟風的比較中,孩子就會養成一種好逸惡勞的不良習慣。所以,不管家庭貧窮或富裕,父母都要制止孩子的這種行為,並從自身做起,為孩子樹立一個學習的榜樣,讓孩子養成理性消費的習慣。

5. 千萬不要向孩子妥協

　　很多時候,只要孩子一哭鬧,父母就選擇了妥協。殊不知,有時候孩子提出過分要求是在試探父母。一旦父母輕易妥協,那麼孩子的這種行為就會得到強化,以後孩子就會抓住父母的這種弱點,繼續以同樣的方式達到目的。所以,父母千萬不要向孩子隨意妥協,應該學會堅決對孩子說「不」,果斷拒絕孩子的無理要求。

第4章 好的教育—讓孩子成年又成人

> ## 沒有承受挫折，
> ## 孩子的成長就少了助推器

現今，伴隨著生活水準的不斷提高，很多父母都會想盡一切辦法給予孩子最優渥的條件。為了讓孩子無憂無慮地成長，他們不捨得讓孩子吃苦，更不願意讓孩子遭遇挫折。

可是這樣做就真的是愛孩子嗎？美國一位兒童心理學專家說：「有十分幸福童年的人，常有不幸的成年。」這種說法看似偏激，但它所闡述的道理卻是非常深刻的。人生在世，哪有一帆風順的平坦大道呢？古今中外又有哪位成功人士不是在失敗與挫折的磨難中走向成功的呢？換句話說，如果孩子不能承受挫折，那麼他的成長就少了助推器，長大後就會因為不適應激烈的社會環境而導致心靈脆弱，失去面對生活的勇氣。

著名心理學家亞伯拉罕·馬斯洛（Abraham Maslow）說：「挫折對於孩子來說未必是壞事，關鍵在於他對待挫折的態度。」雖然，苦難和挫折並不是造就一個人成功的關鍵因素，但可以確定的是，它可以讓人們在歷經挫折的過程中找到解決問題的方法。一個人也只有擁有了堅強的意志，擁有了戰勝一切困難和挫折的勇氣，他的人生才會更加有意義，才有可能走向輝煌。

> 沒有承受挫折，孩子的成長就少了助推器

現在很多父母為了更好地愛孩子，恨不能為他們掃清人生路上的一切障礙，恨不能替他們前行。但是他們並不知道，失敗與挫折對於成長中的孩子來說，也是一種寶貴的財富，它會幫助孩子更好地了解生活，錘鍊出優秀的品格，讓孩子擁有堅強樂觀、積極向上的健康心態。只要擁有了這種心態，無論孩子以後所經歷的是小困難還是大挫折，它們都只會成為孩子人生路途中的一段小插曲，而不會影響孩子的人生格局。

著名的德國大作曲家、音樂家路德維希·范·貝多芬（Ludwig van Beethoven），很小的時候就開始接受音樂方面的刻苦訓練。命運卻似乎並沒有眷顧這個音樂天才，反倒是一次又一次地和他開起了殘酷的玩笑。5歲時，他患有中耳炎，卻因為家庭貧窮，沒有得到很好的治療；11歲時同樣因家中經濟窘迫而被迫輟學；17歲時很不幸又患上了傷寒和天花；而更不幸的是26歲時，漸漸失去了聽覺。

要知道對於一個音樂家來說，失去聽覺是何等的悲哀，這就好比鳥兒沒有了翅膀、魚兒離開了水一樣。但是生活的挫折與磨難並沒有將貝多芬打垮。哪怕是在這種艱難的情況下，他依然發誓要「扼住命運的咽喉」。之後，他在與命運頑強的搏鬥中，在歷經挫折的苦難中，越挫越勇，創作出了〈命運交響曲〉（*Fate Symphony*）、〈田園交響曲〉（*Pastorale*）、〈月光奏鳴曲〉（*Moonlight Sonata*）、〈致愛麗絲〉（*Für Elise*）等一些膾炙人口的經典曲目。他的音樂作品對世界音樂的發

第 4 章　好的教育—讓孩子成年又成人

展也有著非常深遠的影響,因而被人們尊稱為「樂聖」。

雖然貝多芬的人生經歷了不少挫折與磨難,可是他並沒有被生活的逆境所嚇倒,這些經歷的挫折反而成了他獲得強大生命力的磁場,促使他在人生的道路上披荊斬棘、勇往直前。

一個從未經歷過挫折的人並不是幸運的,相反地,卻是他人生中最大的不幸,因為沒有承受過挫折的人生是不圓滿的,會缺少助推器。對於孩子來說,歷經挫折固然會受傷,會遭遇打擊,但是想要在這個殘酷的世界裡生存,就難免會遭遇挫折。如果你不願承受挫折,那麼就意味著,你將永遠無法創造出卓越的成就,一生都只能在平庸中度過。

所以,聰明的父母應該從小就重視與培養孩子承受挫折的能力與勇氣,也只有這樣,才會讓孩子在之後的人生旅途中,堅強而勇敢地走下去,坦然地接受生活的洗禮。

文學家魯迅曾說過:「不能真心領悟苦痛,也便難有新生的希望。」那麼,父母應該從哪些方面去幫助孩子,培養他們勇於承受挫折的能力呢?以下四點建議,值得大家借鑑。

1. 幫助孩子建立起面對挫折的勇氣

人的一生難免會遇到挫折,但是遇到挫折並不可怕,可怕的是沒有面對挫折的勇氣。有些孩子之所以不願面對挫

折,皆是因為他們缺乏面對挫折的勇氣,遇到挫折,他們唯恐避之不及,唯恐挫折會讓自己倒楣,甚至帶給自己災難。

所以,父母應該幫助孩子建立起面對挫折的勇氣,讓孩子正確、坦然地看待生活中所遇到的挫折,這樣才能更好地幫助孩子解決問題,消除他們的害怕心理。

2. 在生活中主動設定一些挫折障礙

很多父母總打著愛的旗號,為孩子安排、打理好一切,希望孩子能順風順水地生活。可是,一帆風順的生活只會讓孩子養成坐享其成、樂於享受的性格。而一旦他們遇到困難與挫折,就會表現得束手無策、焦慮緊張,以至於不能正確地處理生活中遇到的各種問題。

因此,父母不妨在平時的日常生活中主動替孩子設定一些挫折障礙,來培養孩子的抗壓性,幫助孩子獲得更好的成長。

3. 鼓勵孩子克服困難和承受挫折

挫折固然不受人歡迎,但是人的成長過程中卻難以避免地會遇到困難和挫折。有的孩子在面對困難和挫折時,心理承受能力差,以至於不能很好地調整自己的情緒,而產生一系列的負面反應,甚至採取退避三舍的方式。

第 4 章　好的教育―讓孩子成年又成人

因此，父母在孩子面對困難和挫折時，應多鼓勵孩子勇敢面對挫折與困難，讓孩子向它們發起挑戰並勇於戰勝它們。

4. 培養孩子對抗挫折的應變能力

應變能力是指人們在外界事物發生改變時，所做出的最直接的反應。人只有擁有一定的應變能力，才能在面對生活的各種困難與挫折時，以不變應萬變，更好地處理問題。

所以，父母在平時的教育中，不妨多注意培養孩子對挫折的應變能力，這樣孩子在面對挫折時，也能總是擁有良好的心態與勇氣，沉著而理智地處理問題，並逐漸變得勇敢且果斷。

人生的道路十分漫長，不可能總是一帆風順，困難與挫折總會時不時地出現在你的生活中，但重要的是在歷經困難與挫折後，還能繼續前行，感知生命的美好。

所以，在教育孩子的過程中，父母不妨鼓勵孩子用一種不哭泣、不氣餒、樂觀向上的生活態度，去勇於面對生活的挫折。讓孩子在經歷挫折的過程中，奮勇前行，創造人生的輝煌。

富養的孩子，錯誤的價值觀

「窮養兒富養女」，這種教養方式一直以來都是許多父母所推崇的，以至於演變到如今，富養孩子的觀念越來越深，不管男孩、女孩，一律都要富養。很多父母為了不讓自己的孩子被比下去，便拚命地為孩子創造好的物質環境。可是自己省吃儉用富養出來的孩子，就真的能對你的愛感恩，真的能懂得生活的艱辛嗎？當然不，孩子只會覺得理所當然，並由此養成一種高消費的習慣。反之，如果父母能改變富養的方式，並讓孩子養成一種合理的消費習慣，那麼等孩子長大後，自然也會懂得克制自己的消費行為，並在消費時學會權衡利弊。

經濟學家詹姆斯・杜森貝利（James Duesenberry）透過對一系列的消費習慣研究發現：兩個收入水準相等的家庭中，如果其中一家的消費習慣逐漸升高了，而另一家維持不變，那麼自此以後，這種消費習慣將不會輕易得到改變，會一直保持下去。

如果父母養成了一種什麼都給孩子最好的、最貴的消費習慣，那麼孩子自然也會心安理得地享受這些，自然也不會克制自己的欲望，更不會珍惜所擁有的一切。他們會認為享受這些是理所當然的，也就不會懂得感恩，不會感嘆生活的來之不易。

第4章　好的教育—讓孩子成年又成人

說到這裡，讓我們先來看一則新聞，或許你會從中得到一些深刻的啟發。

近日，在市區的一條街道上，一位年輕女孩揪著一位正在打掃環境的道路清潔工的頭髮，一邊謾罵一邊拉扯對方。路過的行人不明真相，以為是大白天發生了爭執，於是紛紛跑過去制止。後來經過了解才知道，女孩不是別人，正是這位清潔工的女兒，之所以發生在大街上拉扯的這一幕，原來是女兒在找母親要錢。

這位可憐的母親在孩子很小時便已離異，獨自將孩子撫養長大，捨不得吃、捨不得穿，總是將最好的留給女兒，只要是在自己力所能及的範圍內，她都會想盡辦法滿足女兒。

這位母親在環衛公司工作，每個月的薪資也不高，除了支撐自己的日常開銷外，餘下的錢也是寥寥無幾。雖然她的女兒早已結婚，卻仍然時不時地跑來母親要錢，以滿足自己大手大腳花錢的惡習。這一次母親沒有及時給錢，女兒居然就動起手來了，為了區區的幾千塊錢，甚至不惜對十月懷胎辛苦生養自己的母親暴力相向。

說好的富養格局大、富養見識廣呢？為什麼富養到最後，只剩下了一些要風得風、要雨得雨的小祖宗呢？很多父母都錯誤地認為，愛孩子就是給予孩子最好的物質生活。真正的愛孩子從來都不是給孩子物質上的滿足，而是父母間彼此相親相愛、親子關係融洽，給孩子安全感，幫孩子建立起

正確的消費觀，讓孩子從中體會生活的艱辛。也只有用這種教育方式培養出來的孩子，才會擁有認真對待生活的態度與品味，才會擁有受益終身的良好習慣。

那麼，父母應該如何幫孩子建立起正確的消費觀，讓孩子從中體會生活的艱辛呢？下面幾點可供參考：

1. 培養孩子正確的消費觀

家庭教育最大的悲哀就在於，一個普通家庭的孩子卻硬生生地被養成了富二代。父母不能因為愛孩子，就盲目地用富養方式滿足孩子的一切要求，而要根據家庭實際情況，培養孩子合理、有節制地消費的習慣，並從自身做起，為孩子樹立榜樣，培養孩子正確的消費觀，引導孩子正確的消費理念。

2. 教孩子如何挑選性價比高的商品

富養所帶來的弊端，往往就是孩子花了大錢卻並不能購買到稱心如意的產品。所以日常生活中，父母與孩子一起購物時，應該適時地向孩子灌輸一種理性的消費觀念，並教會孩子如何挑選出性價比高的商品。比如從商品的效能、品質、使用期限、產品價格全方位來衡量，讓孩子學會合理消費。

第4章 好的教育—讓孩子成年又成人

3. 引導孩子不要盲目比較

伴隨著孩子的成長，所接觸的人和物也會越來越廣泛，再加上現在社會的不良風氣，孩子很容易滋生出一種盲目比較的心態。在這種情況下，父母就應該採取正確的方式來引導孩子，人與人之間交往貴在真誠，並不是一味地靠互相比較才能相交，讓孩子建立起一種正確的交往觀，引導孩子不要盲目比較。

4. 明確告知孩子家庭經濟狀況

父母不妨明確告知孩子家庭的經濟狀況，這樣一來，不僅可以讓孩子明白如何理性消費，同時也能增加孩子的責任感與擔當感。父母千萬不要打腫臉充胖子，不然孩子很有可能因為不知道家庭的實際情況而做出一些不理性的消費舉動來。

某位大學教授曾說：「真正的教育是，再富也要苦孩子。你見過哪一個人才不經歷人生坎坷？孩子需要有正常的磨礪，而不是只給他各種卓越的條件。」所以，醒醒吧，富養孩子的父母們。從現在開始，從自身做起，調整自己的教育方式，以一種正確的人生觀、價值觀、世界觀，教會孩子從小養成勤儉節約的優良品德，有計畫、有節制、充滿理性地消費，讓孩子更好地體會人生的艱辛！

零用錢要適度地給

零用錢是什麼？零用錢是父母給孩子、可供他們隨意支配的一筆資金。有了這筆錢，孩子可以隨意購買自己想要的東西，而不受限制。

根據一項調查資料顯示，70%以上的少年兒童每天都會有零用錢。現今，孩子擁有零用錢已經屬於一種非常普遍的現象了，且擁有零用錢的孩子年齡層也呈現不斷下降的趨勢。哲學家法蘭西斯·培根（Francis Bacon）曾說過：「如果孩子小的時候，在金錢上過分吝嗇於他，孩子在性格上將會變得畏縮。」所以，有些父母出於再苦不能苦孩子的想法，除了滿足孩子日常的開銷外，還會主動給孩子一定數額的零用錢，以備孩子的不時之需。

很多父母可能不知道，零用錢其實是孩子逐步建立起金錢觀念的第一步。父母可以在給孩子零用錢的這件事情上，引導孩子逐漸形成正確的消費理念。西方的一些心理學家認為：「孩子的口袋裡越早有錢，他們就能越快適應成年後的生活。」而國外有相關資料顯示，即使是很小的孩子，他的內心也會因為有屬於自己支配的零用錢而感到自豪。

關於零用錢，在那些富裕家庭中長大的孩子自然是不用說，他們一個月的零用錢有可能就抵得上窮苦人家一兩年的

第 4 章 好的教育—讓孩子成年又成人

收入。當然,很多普通家庭的孩子,也有很多零用錢。很多父母覺得不能讓自己的孩子再吃自己以前所吃的苦,於是他們省吃儉用,卻給孩子大把的零用錢,來滿足孩子的揮霍。這樣一味地滿足孩子的要求,對孩子的成長是極為不利的。

下面先來看一個案例。

有這樣一位母親,幾年前她不僅失業丟了工作,還離了婚。離婚後年幼的兒子判給了她。之後她靠打工的收入養育著孩子。儘管家境非常困難,但她卻在兒子的面前閉口不談家庭經濟狀況,平時給兒子的零用錢,她也都是參照兒子班上那些富裕同學的標準。只要是兒子要購買的物品,她從來不會拒絕。

有一次,兒子見班上一位同學穿了一雙很流行的 Nike 運動鞋,十分羨慕,於是便不顧母親平時工作的艱辛,向母親要零用錢去買,還美其名曰這樣是為了緊跟潮流。要知道,一雙 Nike 運動鞋的價格,對於富裕的家庭來說可能沒什麼,可是對於他們家而言卻是一筆不小的開支。但是,這位母親面對兒子提出的大額零用錢的要求並沒有拒絕,而是咬牙答應了下來。她寧可自己平時不休息,多打幾份工,也要滿足兒子的願望。

慢慢地,兒子便養成了從不在意母親的辛苦操勞,大手大腳揮霍母親血汗錢的習慣。

可以說,這位母親在給兒子零用錢的這條道路上,做出了很大的犧牲。但是這種犧牲真的值得嗎?有利於孩子的成

零用錢要適度地給

長嗎？答案當然是否定的。

當然，零用錢並不是洪水猛獸，並不是說父母就不能給孩子零用錢，而是父母給孩子的零用錢要適度、有計畫性，要學會拒絕孩子的不合理要求。而且父母在給孩子零用錢時，只要把握好原則，還可以借用零用錢來讓孩子明白金錢的概念，並讓孩子學會合理有效地使用零用錢。

具體來說，父母在給孩子零用錢時，要做到以下幾點：

1. 給孩子的零用錢應控制在一定範圍內

有教育專家指出，即使家庭條件富裕，父母在給孩子零用錢時，也要注意節制，不能隨意多給，也不能有求必應，給孩子零用錢的數額應控制在孩子有能力支配的範圍之內。

比如，孩子每天的零用錢主要是在交通方面，那麼父母就應該給孩子與交通費用等額的零用錢。當然，也可以適當多一些，這樣也能讓孩子在使用時有一定的靈活性，以備不時之需。

2. 給孩子的零用錢數額要固定

父母在給孩子零用錢時，數額方面一定要固定。千萬不要隨意減少或增加，也只有這樣，才能讓孩子養成合理消費的良好習慣，不然你給多或是給少都有可能造成孩子對零用

錢的概念模糊,引起孩子不理性的消費行為。

當然,伴隨著孩子年齡的增長與需求的增長,父母給孩子的零用錢也可以逐步增加,一般建議以每年更改一次為宜。

3. 給孩子零用錢時要注意機會教育

即使是很小的孩子,也會為自己得到零用錢而感到自豪。因此,父母在給孩子零用錢時,一定別忘了對孩子進行消費觀念教育,告訴並引導孩子正確使用零用錢,讓零用錢發揮出最大的功效,幫助孩子樹立正確的消費觀。

總之,父母一定要記住,零用錢可以給,但一定要適度,要讓孩子學會理性消費,合理而有效地使用零用錢。

第 5 章
別插手 ──
讓孩子自由成長

　　華人父母最大的特點就是從孩子出生的那一刻起，便不停地為孩子設計與規劃將來。他們總是打著愛的旗號，把自己的意願強加到孩子身上，剝奪孩子的自由與快樂。

　　要明白，世間所有的愛都是為了相聚，唯有父母對孩子的愛是為了分離。孩子總有一天會長大，會去往更廣闊的天空，與其對孩子的事情事事插手，不如學會放手，讓孩子在體驗生活的過程中學會獨立並得到自由的成長。

第 5 章　別插手—讓孩子自由成長

不要過度保護孩子

　　成長的過程中，每個孩子都離不開父母的關愛與呵護，可是當各式各樣的關愛前面加上「過度」二字，愛也就失去了它原本的意義。父母過度保護孩子，就會不斷插手孩子的事情，不讓孩子自己動手動腦，限制孩子的行為舉止，最終就會導致孩子什麼事情都不會做、不願做、做不好。

　　某青少年研究中心曾經對 16,350 名小學生進行過一次關於遇到困難與挫折應該如何處理的問卷調查，調查結果顯示，97％的孩子都選擇了「找父母和老師」，僅僅 3％的孩子會自己想辦法解決問題。透過這一怵目驚心的數字，我們不難發現導致這一現象的罪魁禍首正是父母過分關愛孩子、呵護孩子、插手孩子的事情。很多父母總是打著關愛的幌子來過分關心孩子的一切，殊不知，這種過度的關心與呵護往往容易造成孩子心靈脆弱、缺乏主見、好逸惡勞等不良惡習，讓孩子缺乏面對挫折與困難的勇氣。

　　有心理學家說，人的成長就像洋蔥一樣，每一層都代表了某個年齡層所要學的東西。如果那一層外皮在當時沒有及時剝掉的話，那麼它就會抑制孩子那一階段的成長。而在以後的成長中，他就要用雙倍甚至更多的時間，來完成那一層的學習。只可惜時光無法倒退，即使以後花費更多的時間來

不要過度保護孩子

惡補,也有可能失去了最佳的成長機會。

父母應該明白,在孩子成長的過程中,讓孩子歷經生活的酸甜苦辣並沒有什麼不好,孩子反而可以從這些豐富的人生閱歷當中,明白生活的不易並感知生活的艱辛。這一切對培養孩子的獨立意識和提高心理承受能力是十分有效的,可以幫助孩子更好地學會成長。而這一切的前提條件,都需要父母不過度插手孩子的事情,也唯有這樣,才能讓孩子的心靈自由地呼吸與成長。

曾在網上看到過這樣一個故事:

一位德國媽媽帶著自己5歲的孩子在沙灘上玩耍。孩子帶著自己的玩具在沙灘上挖沙,並試著用沙子堆砌各種圖案,而不遠處的媽媽則在沙灘椅上一邊享受著美食,一邊悠閒地聽著音樂,怡然自樂。只見孩子一邊玩,一邊還抓起沙子往自己的小嘴巴裡塞,這一切媽媽看在眼裡,卻並沒有大聲喝斥並阻止孩子。這時,旁邊目睹這一切的一位遊客反倒是沉不住氣了,他對這位德國媽媽說:「妳看,孩子都在吃沙子了,妳怎麼不阻止呢,難道妳不愛自己的孩子嗎?」

這位媽媽不緊不慢地說:「愛,我當然愛自己的孩子了,可是我去阻止了又能怎樣,下次他不在我的視線範圍內,說不定還會有此舉動。但今天我不去插手他的行為,等他自己品嘗過沙子的味道後,覺得不好吃,以後自然也就不會這樣了!」

第 5 章　別插手—讓孩子自由成長

生活中,可能大部分人都會像那位遊客一樣選擇去阻止孩子的行為,並告訴孩子沙子是不能用來吃的。但這位德國媽媽卻認為,若由孩子自己親身體驗後再得出結論,這種結果對孩子造成的影響才會更深遠、更有意義,孩子才能更加銘記於心。

一位著名學者曾說:「身為父母,一定不要插手代替孩子做任何事。因為對於孩子來說,經過自己的努力與付出所收穫的勞動成果才會更加珍惜。即使在此過程中遭遇失敗,也沒有關係,至少他可以從中學習到經驗與本領、享受到生活的樂趣。也只有這樣,將來踏入社會、踏入職場後,他才有自食其力的能力,才不會懼怕困難與挫折,才會擁有一顆勇於打拚的進取心。」

那麼,在孩子的成長過程中,不要過度插手孩子的事情,父母具體應該如何去做呢?以下四點建議,值得參考。

1. 鍛鍊孩子的獨立生活能力

伴隨著孩子年齡的增長,很多父母總埋怨孩子自理能力差,一無是處。殊不知,這都是你當年過度插手所種下的惡果。沒有哪個孩子天生就懶惰,也沒有哪個孩子天生就不愛學習。身為父母,應該深刻認知到這一點,從鍛鍊孩子的獨立生活能力開始,讓孩子學會自己的事情自己做,給予他們

鍛鍊的機會。也唯有這樣,孩子才會在生活的歷練中,逐漸成熟起來,變得堅強而勇敢。

2. 孩子跌倒了讓他自己爬起來

許多父母在教育孩子的過程中,總是不自覺地就會插手孩子的事情,從來不問孩子是否願意接受這種幫助。父母如果真的愛孩子,為了孩子的將來好,就應該試著放開自己的臂膀,讓孩子在廣闊的天空自由翱翔、展翅高飛!哪怕孩子因此跌倒,也要讓孩子自己爬起來。唯有如此,孩子才會站得更穩、走得更遠。

3. 培養孩子獨立解決問題的能力

著名文學家朱自清曾說:「要讓孩子在正路上闖,不能老讓他們像小雞似的在老母雞的翅膀底下,那是一輩子沒出息的。」

孩子終有一天會長大、會離開你,如果父母不能早些培養孩子獨立解決問題的能力,那麼等到孩子離開你後,又該如何去生活呢?所以,愛孩子,就請讓孩子獨立自主,讓他自主思考解決問題,這樣,在以後的人生道路上,他才能更好地笑對生活的苦難與挫折。

4. 給孩子實踐和學習的機會

人生只有一次，失去的皆不可能重來，尤其是在成長的過程中，所有的經驗都顯得彌足珍貴。不管是失敗的、成功的、快樂的、痛苦的，它們都將成為孩子人生路上的墊腳石，促使孩子越挫越勇，並不斷走向成功。

因此，父母千萬不要過度插手孩子的事情，更不要事事包辦與代勞，日常生活中，應多給孩子一些實踐和學習的機會，培養孩子獨立解決問題的能力，讓孩子在生活的歷練中逐漸地成長起來，收穫寶貴的人生經驗。

人與人之間是相互的，教育孩子亦是如此。只有父母退一步，孩子才會進一步。授之以魚不如授之以漁！所以，父母請克制住自己插手孩子事情的衝動與想法吧，讓孩子獨立起來，自己去感受、去體驗、去經歷生活的五彩斑斕吧！你會發現，孩子並不如你想像的脆弱不堪，他會成長得更堅強、更勇敢。

讓孩子學會對自己的行為負責

　　現在的父母都非常寵愛自己的孩子。每當孩子惹了禍，家長就會出面替孩子擺平；孩子有了什麼過失行為，家長就會盡力護著孩子；孩子遇到什麼困難，家長就會自己攬過來幫孩子解決。久而久之，孩子便認為這一切都是理所當然的，犯起錯來就會更加肆無忌憚。事實上，家長的這種嬌慣和過度保護容易讓孩子養成養尊處優、為所欲為、不負責任的性格，等孩子長大後，就會對社會和他人缺乏責任心。

　　正確的做法應該是，孩子自己的行為，讓孩子學會自己負責。我們先來看下面這個案例。

　　有一天放學後，小強和玩伴們在院子裡踢足球，不小心踢碎了張奶奶放在陽臺上的花瓶。

　　事情發生後，小強非常害怕，趕緊跑回家去找媽媽幫忙。媽媽聽了小強的描述後，不以為然地對小強說：「這有什麼大不了的，走，媽媽和你一起去買一個更漂亮的花瓶，賠給張奶奶就是了。」

　　說完，媽媽拿起錢包就和小強出門了。花瓶買回來後，媽媽牽著小強的手一起來到了張奶奶家。媽媽對張奶奶說：「張奶奶，對不起，小強剛剛在院子裡踢球，不小心打碎了您的花瓶，我特地買了一個新花瓶，送過來給您。」在媽媽說話的時候，小強一直躲在媽媽後面，一句話都沒說。

第 5 章　別插手—讓孩子自由成長

　　媽媽把花瓶遞到了張奶奶手中，張奶奶笑著說：「一個舊花瓶而已，還麻煩妳專門跑去買一個，我自己都沒注意，還在納悶，是哪個小孩把球丟在了我這裡呢！原來是小強的。小強，快來，到奶奶這裡來，把球拿去玩吧！」

　　聽到張奶奶這樣說，小強跑過去接了張奶奶手中的球，連句謝謝都沒說，就跑出去玩了。

　　在這個案例中，當小強闖禍後，他首先想到的，不是自己解決問題，而是跑回家尋求媽媽的幫助。在弄清楚事情的來龍去脈後，媽媽也並沒有讓小強去向張奶奶道歉，而是選擇了用自己的方式幫助小強解決問題。可以說，媽媽和小強的做法都是不可取的，長此以往，容易讓小強形成不負責任的性格。

　　這世界上沒有人可以永遠得到別人的幫助，所以做家長的要學會讓孩子為自己的行為負責，而不能總是替孩子承擔過失。

　　許多家長總是會苦惱，為什麼自己的孩子沒有責任心。事實上，並不是孩子天生缺乏責任心，而是在成長的過程中，孩子們的責任心被家長抹殺了。

　　相信這樣的場景許多家長都很熟悉。孩子在上學時，經常忘記帶書本、鉛筆盒等，而每一次家長在發現後，都會第一時間趕去學校親自將孩子忘記帶的東西交給孩子，他們這樣做的理由往往是：「上課要用啊，一定要幫他送過去。」

> 讓孩子學會對自己的行為負責

事實上，家長這樣做並不是在幫助孩子解決問題，而是在幫孩子逃避責任，假如孩子不能嘗到自己錯誤行為釀成的苦果，他們就永遠不會記住教訓，不會去思考如何不再犯類似的錯，甚至，他們還會認為這樣做沒有什麼大不了的，反正會有人幫我，久而久之，孩子就會養成不負責任的壞習慣。

我曾經看過這樣一個故事。美國的一個小學生因為某次發脾氣砸校車，導致了校車受損而被罰停搭校車一個星期。在那一個星期裡，這名小學生每天都要步行幾公里去上學。有鄰居問小學生的爸爸，你家裡有汽車，為什麼不用汽車送孩子上學，而要讓孩子走路呢？這位爸爸笑著說：「這是他自己犯下的錯，他必須承擔後果，我們不會幫他。」

不知道將這件事放在大多數華人父母身上，又會是怎樣的情況呢？我想，大部分父母可能都會先將孩子責備一頓，然後每天開車接送孩子吧！比起讓孩子記憶深刻的走路，開車送孩子上學又能讓孩子學到什麼呢？當孩子犯了錯，大多數華人家長的做法都是先指責孩子，然後再替孩子收拾殘局，讓孩子免於承擔他應該為自己的過失付出的代價，這樣的處理方式，又怎麼會讓孩子反思自己的過失行為，成長為一個有責任心的人呢？

父母必須明白，讓孩子承擔自己行為帶來的後果，是對孩子最有效的教育。例如，當孩子上學拖拖拉拉時，父母

第 5 章　別插手─讓孩子自由成長

不要急著幫助孩子收拾東西、催促孩子快點,就讓他按照自己的節奏走。當孩子因為拖拉而遲到,並且受到責備或懲罰時,下一次遇到同樣的情況,孩子自然會改正拖拉的壞毛病。

此外,身為父母,以身作則也十分重要。孩子的模仿能力是很強的,父母要想讓孩子成長為有責任感的人,自己首先要加強自我修養,提高自己對家庭、工作、社會的責任感,不為自己的過失尋找任何藉口。

具體來說,要想讓孩子學會對自己的行為負責,父母應該注意以下幾點:

1. 孩子的事情讓孩子自己做

對孩子所有的事情都一手包辦是許多父母的一貫做法。事實上,這種做法對孩子具有很大的負面影響,一方面,它助長了孩子對父母的依賴,容易讓孩子失去獨立做事的能力;另一方面,它會讓孩子失去責任感。

2. 允許孩子有過失行為

「你不能怎麼怎麼樣」、「你要是把什麼怎麼樣了,看我怎麼處罰你」……是許多家長經常會對孩子說的話。其實,這些話會在無形之中增加孩子的心理壓力,不但不利於減少孩

> 讓孩子學會對自己的行為負責

子的過失,還會增加孩子的過失,容易讓孩子形成有了過失而不敢面對、不敢和父母說,一味逃避的性格。

3. 鼓勵孩子面對自己的過失

家長三番五次地嚇唬孩子不許有過失,也是孩子不敢面對自己的過失的一個重要原因。在面對孩子的過失行為時,家長一定要理性,要多給予孩子鼓勵和引導,讓孩子學會面對和負責,而不是遇事一味逃避。

如果孩子犯了錯,一定要讓他親自去向別人道歉、賠償損失。這樣做的目的,一方面是為了讓孩子取得別人的原諒,另一方面也是為了讓孩子從小懂得為自己的行為負責,增強孩子的自律精神,培養孩子的責任感。

第 5 章　別插手─讓孩子自由成長

給予孩子自由發展的空間，體會自我成長的快樂

　　華人父母最大的特點就是，從孩子剛出生的那一刻開始，就不停地替孩子設計與規劃未來。在孩子逐漸成長的過程中，不僅將孩子的時間安排得滿滿的，把自己的想法強加於孩子身上，而且還打著愛孩子的旗號，慢慢剝奪孩子的自由與快樂，忽略了孩子成長的真正需求與孩子自我成長的能力。

　　說到這裡，肯定有人會問，什麼是自我成長呢？其實，自我成長的過程就是一個破繭成蝶的過程。蝶蛹不停掙扎想盡辦法褪掉身上所有青澀與醜陋的外衣，努力在陽光下抖動著自己輕盈而美麗的一雙翅膀，微微地撲閃著，為終於成蝶的那一刻，幸福地顫抖著。在旁人看來，這過程似乎艱難而又充滿險阻，可是誰又能體會到化繭成蝶那一刻的欣喜若狂呢？孩子的成長也是一樣的道理，只有完成破繭成蝶的那種歷練，才能更好地體會到成長的快樂，才能更好地接受生活的洗禮，向下一個目標繼續邁進。

　　下面先來看一個案例。

　　著名漫畫家蔡志忠，有一位思想非常開明的父親。從小，父親就對他的行為舉止不隨意約束，給予他自由選擇的

給予孩子自由發展的空間，體會自我成長的快樂

權利。他的父親是一位民間的書法家，和大多數家庭不同的是，他的父親並沒有逼迫蔡志忠去學習書法以子承父業，而是在知曉兒子迷上了漫畫時，選擇無條件地支持。

蔡志忠上中學後，對漫畫的喜愛簡直到了如痴如醉的地步。他一有空就會去漫畫書店，而回到家裡，不是在看漫畫就是在不停地畫漫畫。由於對漫畫的過度痴迷，導致他的成績一落千丈，並且還遭到了留級的懲罰。雖然父親很生氣，還為此責備了他，但是並沒有逼迫兒子放棄他所喜愛的漫畫，而是在生氣之餘採用了靜觀其變的態度。

就在準備留級的那一年暑假，蔡志忠終於收到了臺北一家漫畫出版社的盛情邀請，請他去出版社工作。臨走的前一天晚上，父親坐在客廳的藤椅上看著報紙，蔡志忠走到父親身邊說：「爸，我明天要到臺北去畫漫畫。」父親頭也不抬，一邊看報一邊詢問：「找到工作了嗎？」蔡志忠回答：「找到了！」父親點點頭說：「嗯，那就去吧！」

他的父親用一種極其平靜的態度接受了兒子放棄學業去學習漫畫的事實。後來蔡志忠工作後說：「父親平日對我的行為舉止觀察入微，他能猜出我去臺北必定是從事我所摯愛的事業。」

後來，《時代週刊》的記者問已是81歲高齡的蔡志忠的父親：「24年前，您怎麼放心讓兒子離家遠走呢？」老人淡淡地回答：「對兒子的行為，雖然我平時很少過問，但其實我一直都有注意他的一切。我了解他的興趣愛好與天分，所以才

第 5 章　別插手—讓孩子自由成長

會給他自由,讓他去勇敢地做自己想做的事情,結果如何我並不擔心,只要他能認真做事就好。」

與當今社會的很多孩子相比,童年時期的蔡志忠是極其幸運的,遇到了一位十分開明的父親。他的父親不僅沒有逼迫他子承父業,反而還給了他自由發展的空間,促使他將自身的天賦發揮了出來,並為之努力而取得了傲人的成績。蔡志忠在入選臺灣「十大傑出青年」後由衷地感嘆:「我特別感謝我的父親,感謝他沒有逼我繼續上學,感謝他沒有讓我上補習班、沒有逼我學電腦,更沒有把他一生沒有完成的願望,讓我替他實現。」

不得不說,這種教育方式是非常成功的。父親遵從兒子的意願,給孩子自由發展的空間,才使得孩子體會到了自我成長的快樂,並由此而堅持自己的喜好,最終取得成功,且在多年以後,內心依然感恩父親對自己的正確教育。所以,身為父母我們應該明白:孩子的身心健康是做好每一件事情的前提與保障,孩子內心的意願是促使他成功的強大精神動力。

生活中,很多父母常習慣用自己的思考模式來要求孩子,並幻想著把孩子培養成社會大眾的完美典範。但這種教育方式往往是不切實際的,極容易導致孩子在這種極大的壓力下形成一定的反差,甚至破罐破摔,並最終與你的初衷背道而馳。

> 給予孩子自由發展的空間,體會自我成長的快樂

所以,父母千萬不要把自己的想法與意願強加到孩子身上,並美其名曰「為你好」,自以為是地做出不顧及孩子感受、讓孩子失去自由的行為,那樣對孩子來講,是非常殘酷且不利於孩子自我成長的。

那麼,在教育孩子的過程中,父母怎樣做才能給孩子自由發展的空間,讓孩子在生活的歷練中感受到自我成長的快樂呢?

1. 放開手腳允許孩子按自己的意願去做

自我成長的快樂,對孩子來說不一定是收到父母昂貴的禮物,也不一定是父母對自己無法無天的放縱。對於孩子來說,快樂其實很簡單,比如畫一幅自己喜歡的圖畫、穿上自己喜歡的裙子,抑或是一個大膽的設想、一次勇敢的獨立上下學,這些都能帶給孩子莫大的滿足感。只要能獲得身邊人的支持與肯定就是快樂的。

2. 善於發現和發掘孩子的興趣愛好

德國漢堡的早期教育理論研究專家和心理學家安格利卡·法斯說:「小孩子自願做的和為自己帶來樂趣的事情,實際上可能是他提前向人們發出的自己具有這方面天賦的訊號。」所以,父母在平時的教育過程中,不妨仔細觀察孩子的行為

舉止,從中發現孩子的興趣與愛好,並加以培養。這樣不僅能提高孩子對某件事情的專注力,更好地發揮出自己的特長,而且還有助於拉近你與孩子的距離,並讓孩子從中感受到自我成長的快樂。

3. 努力為孩子營造一個和諧友愛的家庭環境

有專家表示,小時候在幸福家庭中成長的孩子,由於自身充滿快樂的性格與豁達的心胸,成年後也會更容易收穫幸福。

因此,父母若想讓孩子體會到自我成長的快樂,就要努力從自身做起,努力為孩子營造一個和諧友愛的家庭環境。孩子生活在這種環境下,長期受此薰陶,其自身的性格自然也能更加開朗與豁達,更能感受到成長的快樂。

教他做事,而不是幫他做事

現在的父母都很重視孩子的智力開發和學習能力,卻忽視了對孩子良好習慣和獨立能力的培養。獨立生活能力差、依賴性強是現在的孩子普遍存在的問題,而造成這些問題最根本的原因,是父母的溺愛。許多父母什麼都不讓孩子做,什麼都幫孩子做好了,這樣就讓孩子逐漸失去了嘗試的動力,使孩子變得懶惰,變得怕苦、怕累、怕嘗試。

俗話說得好:「授人以魚不如授人以漁。」父母教孩子做事,不僅可以讓孩子感受到做事的樂趣,而且還可以幫助孩子變得更獨立、更自信;而幫孩子做事,只會讓孩子養成懶惰、依賴他人的習慣,使孩子失去獨立做事的意願。因此,教孩子做事遠比幫孩子做事更有意義。

先來看下面這個案例。

在一個沿海的小村莊裡,住著一個特別會捕魚的漁夫,他每次出海都能滿載而歸,村裡的人都說他是捕魚天才。他不僅會捕魚,而且人很友善,大家都很喜歡他。孩子們也喜歡圍著他轉,有的孩子會請求他幫自己抓一條大魚,有的孩子會央求他幫自己帶一對漂亮的貝殼。

對於孩子們提出的要求,漁夫都耐心地一一滿足。後來,漁夫發現,村裡只有一個孩子沒有讓自己幫他抓過魚。

第 5 章　別插手—讓孩子自由成長

漁夫很好奇，他走到那個孩子面前，問道：「你有想要的東西嗎？是大魚？還是貝殼？等下次出海回來的時候帶給你。」

那個孩子說：「叔叔，我不想要大魚，也不想要貝殼，您可以教我捕魚嗎？」漁夫聽到小孩的要求後，雖然很詫異，但也感到很開心。後來，漁夫只要有時間就細心地教孩子一些捕魚的實用技巧。對此，村裡的其他孩子都表示不能理解，認為多此一舉，他們覺得想要魚很簡單，只要向漁夫討要就可以了，為什麼要那麼辛苦，一定要學捕魚呢？

不過，那個孩子並不在乎這些聲音，他依舊跟著漁夫努力地學習捕魚技巧。後來，漁夫離開村莊，去了一個很遠的城市，再也沒回來了，而那些經常讓漁夫幫忙抓魚的孩子再也沒有魚了，只有那個讓漁夫教他捕魚的孩子可以隨時有魚。這時，村裡的其他孩子才開始後悔：「早知道，我們就不要魚了，也跟著叔叔學捕魚該多好。」

從上面的故事中，我們可以看出，幫孩子做事，只是對孩子一時的幫助；而教孩子做事，才會使孩子終身受益。父母要切記，無論是什麼事情，都不要事事包辦，要鼓勵孩子，讓孩子自己動腦、動手，這樣才能使孩子在實踐中得到成長。

然而，現今許多父母總是害怕孩子受到傷害，害怕孩子做不好，害怕孩子造成自己的麻煩，因此對孩子的大小事情事事代勞。殊不知，這種行為表面上是愛孩子、為了孩子好，而實際上卻是剝奪了孩子體驗的過程，阻礙了孩子各項

> 教他做事，而不是幫他做事

能力的發展。有些父母甚至將這種擔憂的情緒傳遞給了孩子，這樣孩子在做事情時就會躊躇不決，認為做事情非常難，總害怕自己做不好。

其實，父母幫孩子做事，也是對孩子能力不信任的表現。不僅會打擊了孩子的自信心，而且還會扼殺孩子的創造力和獨立性，久而久之，孩子的依賴性就更強了，主動性和獨立思考的能力也就更差了。所以，父母在家庭教育中，要適當給予孩子嘗試的機會，耐心地教孩子做事，讓孩子在做事的過程中建立自信和勇氣，體會成功與失敗。

每個孩子都有自己獨特的思考方式和做事方法，父母要做的是讓孩子表達自己的想法，鼓勵孩子用自己的方法做事，而不是干預孩子、幫孩子做事。如果在做事的過程中，發現孩子做事的方法不正確，那麼父母就可以引導孩子，讓孩子自己想出解決的辦法，這樣有利於孩子養成獨立思考的習慣；如果孩子做事的方法是正確的，那麼父母就可以鼓勵孩子，肯定孩子的想法，這樣可以讓孩子在做事的過程中學會正確判斷、獨立思考、主動地表達自己的想法。

父母在教育孩子時，要讓孩子明白，成長不僅意味著擁有的空間越來越大，而且意味著要承擔的責任越來越多。因此，父母在孩子成長的過程中，要盡可能多地教孩子做事，讓孩子先學會照顧自己，然後培養孩子獨立做事的能力，引導孩子去承擔責任，讓孩子在做事的過程中感受到成就感與

使命感,這樣孩子才會更樂於承擔責任。

父母要知道,現在教孩子做事,日後孩子才會更獨立,才會更勇於做事、樂於做事,而幫孩子做事,只會誤了孩子、害了孩子。真正聰明的父母只會教孩子做事的方法,不會事事包辦,因為他們知道,孩子只有在**實踐**中才能提升自己的能力。在**實踐**中才能體會到快樂,在**實踐**中才能感受到責任。

知道如何牽手，也要適時放手

5歲時，父母覺得孩子太小，什麼都不懂、不會，所以包辦孩子的所有事情。

8歲時，父母覺得孩子笨手笨腳，簡單的小事都做不好，所以為了「放心」，自己全做了。

12歲時，父母覺得孩子應該把精力放在課業上，不能分心，所以吃喝拉撒全由父母做主……

父母愛孩子的天性使然，讓他們總是牽著孩子的手往前走。對於如何牽孩子的手，相信很多父母都有很多經驗。但是父母卻不知道，正是你們駕輕就熟的牽手，讓孩子漸漸喪失了自我獨立的能力和承擔生活苦難的勇氣，一旦父母放開了手，孩子就如同驚弓之鳥，不知所措。

身為父母，應該知道，總有一天孩子會離開自己的懷抱，去往廣闊的天空翱翔，而你們的牽手會折斷孩子的翅膀、束縛孩子的手腳，讓他們失去獨立性。為了讓孩子順利地成長，父母千萬不能用過多的愛束縛孩子的手腳，把他們牢牢地拴在身旁。身為父母，既要知道如何牽孩子，更要懂得適時放手。

在西方國家，孩子玩耍時，父母一般都不在旁邊緊盯著，會提供他們足夠的自由空間。如果孩子跌倒了，父母也

第 5 章　別插手—讓孩子自由成長

是遠遠看著，等孩子自己站起來。而華人社會常見的情景是：孩子玩耍，父母一邊在後面目不轉睛地注視孩子的一舉一動，一邊喊著：「跑慢一點，別摔倒了！」、「別碰那個，多髒！」、「別去太遠，有危險！」孩子摔倒了，父母便馬上趕過去抱在懷裡，又拍又哄，心疼得不得了。結果孩子本來沒有哭，讓家長這麼一折騰，反而大聲哭鬧起來。

許多時候，父母對孩子過分的保護反而會成為孩子的負擔。擔心孩子出事，就不讓孩子騎腳踏車；擔心孩子溺水，就不讓孩子游泳 —— 因噎廢食的家長不在少數。他們擔心的事情太多了，為孩子定的規矩也太多了：不許操作電器、不許單獨外出、不許自己出去玩等等。

殊不知，父母寸步不離的看管和過多的限制會阻礙孩子的健康發展，使其各方面的能力退化。在過度保護下成長的孩子，往往優柔寡斷、膽小怕事、缺乏處理複雜事物的能力。父母為了不再擔心，便剝奪了孩子一切自由活動的機會，孩子很少與外界接觸，經常與電視機和網路為伴，這樣一來，容易造成孩子孤僻、不合群的性格。

下面這個案例或許可以給父母們一些啟示。

有一位明智的母親，孩子的學校邀約學生到離家 20 公里以外的森林公園活動，她為了鍛鍊孩子的獨立能力，教孩子記住了家裡到公園的路線，又給了孩子一張地圖，讓他自己騎腳踏車去。

孩子從沒有去過這麼遠的地方，媽媽也很擔心，她自己騎著腳踏車默默地跟在孩子後面。孩子因為找不到路，不時拿出地圖對照，媽媽也不打擾他，只是在遠處看著。後來兒子騎過了森林公園大門，但媽媽也沒有提醒，讓他自己繞了一大圈才回到公園門口。雖然兒子遲到了十幾分鐘，卻是唯一一個獨立到達目的地的學生。

回家以後，孩子很委屈地說：「我同學都是父母陪著的，只有我是自己一個人。」媽媽笑著說：「一個人完成一件事才有成就感啊，你難道不為自己驕傲嗎？」聽了媽媽的話，孩子由委屈轉為自豪，並且說：「以後再遠一些我都不怕。」

案例中的媽媽透過這次的活動，讓孩子在實踐中鍛鍊了獨立自主的能力，也替他增加了自信心，真是一舉兩得。如果這位媽媽和其他擔心孩子會出事的父母一樣，恐怕孩子的快樂就沒有那麼多了。

那麼，父母應該如何放手，讓孩子學會獨立自主呢？

1. 讓孩子自己安排、自己負責

這種意識在平時的點滴生活中都可以灌輸給孩子。比如帶孩子出去玩，可以啟發他說：「旅行應該帶什麼呀？」幾次提醒，孩子就會主動想起要帶什麼必備的東西了。在孩子會表達、會思考以後，讓他選擇去什麼地方玩、準備做些什麼，並幫他分析這種選擇的優勢和劣勢。當孩子沒有帶好該

第 5 章　別插手─讓孩子自由成長

帶的東西,或者遺漏東西發脾氣時,要讓孩子知道,他自己應該對這件事負責,下次要有計畫地做安排。

2. 要正確了解孩子和理解孩子

父母應該了解孩子在各個年齡層具備的特點,並根據這種特點適當地調整教育方法,他對什麼事情感興趣,就放手讓他去做,而不是做孩子依賴的大樹。

3. 要給予孩子充分的活動自由

這是培養孩子獨立性不可缺少的環節。孩子的獨立性是在實踐中獲得的,我們要提供給孩子獨立思考和獨立解決問題的機會。

以我自己來說,兒子看書時,經常會遇到一些他不認識的字,他就會讓我告訴他,我則裝作不認識的樣子,並告訴他,遇到生字要查字典。以後再有生字,兒子也不找我了,而是翻字典,然後對我說:「媽媽,這個字我認識,我又多學了一個字。」

培養孩子的獨立性,還要注重和孩子的交流。孩子想要一個善待自己、如朋友般的父母,所以為了達到孩子的這個標準,父母和孩子之間的愛就應該建立在孩子的信任和安全感之上。只有孩子相信遇到解決不了的困難時,一定會從

> 知道如何牽手,也要適時放手

我們這裡得到幫助和指導,孩子才能放心地去尋覓外面的世界。

教育家陳鶴琴先生曾風趣地說:「做爸爸的最好只有一隻手。」他的話告訴父母一個道理,父母應該明確自己的責任,就是幫助孩子自立、鍛鍊他們的生活技能、幫助他們做人。凡是孩子自己能辦的事情就讓他們自己去辦,孩子學會了自理,懂得了照顧自己,也就能擺脫成年人的照顧,進而學會去照顧別人。

因此,為了讓孩子真正獨立,父母要懂得適時放手,讓孩子自己去開拓。

# 第 5 章　別插手─讓孩子自由成長

第 6 章
社交能力 ──
孩子要習慣人群，將來才會合群

　　社交能力是孩子必須具備的一種重要能力，是孩子融入社會的必修課程。因為害怕孩子交友不慎變成不良少年、過早接觸社會放鬆對自我的要求、被壞人利用而受到傷害，許多父母選擇了圈養孩子，將孩子與人群隔離。

　　事實上，孩子總會羽翼漸豐，他們不可能一輩子躲在父母的庇護之下。放棄對孩子的隔離和庇護，將孩子放入人群，讓孩子自己去摸索、去適應、去解決問題，去更好地與世界相處，這才是對孩子最好的愛和最好的教育。

第 6 章　社交能力—孩子要習慣人群，將來才會合群

別再圈養孩子，培養他的社交能力

生活中，我們總能夠看到這樣一些孩子，他們行為乖巧卻又害羞怕生，不敢隨意發表自己的想法與觀點，更害怕與別人交談或玩耍。為什麼會出現這種情況呢？

究其原因，還是父母對孩子的過度保護所導致的。很多孩子從小被父母嬌生慣養，父母不僅給予了他們一切物質上的滿足，還替他們的成長安排好了一切。不用操任何心的孩子，在父母的圈養下，怡然自得地享受著生活的美好，卻偏偏失去了人際交往中最重要的社交能力。

社交能力是孩子一生當中所必須具備的一種重要交往能力，同時也是孩子融入社會的一門必修的課程。據心理學家多年的研究發現，許多成年人的孤僻退縮、膽小拘謹都可以追溯到他們的幼兒時期，而社交能力差的人罹患憂鬱症的比例更是高於其他人。可是生活中，很多父母總是杞人憂天，害怕孩子交友不慎變成不良少年，害怕孩子過早接觸社會放鬆對自我的要求而導致學業成績下降，更害怕孩子被壞人利用而受到傷害。過度的擔憂與害怕，讓他們對孩子實行了圈養，但是這種圈養式的教育出自一種因噎廢食的恐懼和避讓，最終只會導致孩子對這個社會的害怕與牴觸，甚至不適應。

> 別再圈養孩子，培養他的社交能力

有教育專家認為，友愛、合作、守紀、禮貌、集體觀念、組織能力等，這些都是高素養人才所必須具備的優秀品格。

反之，如果缺乏了這些技能的培養，那麼再聰明的孩子，也會因為社交能力差，被迫變成孤家寡人式的「神童」。難道不以孩子的成長需求為前提，一味地圈養孩子，孩子長大了就能自然而然地擁有良好的社交能力嗎？顯然不會。

下面這個案例相信會讓你有所啟發。

還不到3歲的龍龍，性格開朗、活潑好動，似乎和膽小內向一點也沾不上邊。可是他的媽媽卻說：「他在家是很活潑，可是一旦到了外面就像是霜打的茄子——立刻就安靜了。」媽媽說，因為家裡的人都非常寵他，所以，他在家是個很調皮搗蛋的孩子，犯了錯，家人還不能責罵他，因為他的嗓門比誰都大，總之，在家裡很會胡鬧。

可是，就是這樣一個霸道的孩子，每次到了外面卻像變了個人似的，異常膽小。前幾天，媽媽趁著假期帶龍龍到公園去玩。因為假期人也多，龍龍在玩氣墊城堡時就被旁邊的一個小朋友不小心撞倒了，媽媽當時在旁邊看著還擔心他們因此而打起來。沒想到，此時的龍龍卻怯生生地看著那個小朋友，二話不說立刻就跑向了媽媽，還淚眼婆娑地嚷嚷著要回家。不管媽媽怎麼哄怎麼勸，龍龍就是鐵了心要回家、不玩了，還噘著小嘴說以後再也不去那裡了。

第6章 社交能力—孩子要習慣人群，將來才會合群

眼看著龍龍在家和在外面具有極大的差異，媽媽覺得這一切都是因為龍龍平時缺少玩伴、社交能力差所導致的，於是，便決定提早將龍龍送入幼兒園，去結識更多的小朋友，有效地培養他的社交能力。雖然有些於心不忍，但一想到為了孩子將來好，媽媽還是狠下心來這樣做了。果不其然，進入了幼兒園後，本來在外面膽小羞澀的龍龍，透過與同伴的相處，已逐漸改掉了這些毛病。後來再外出時，他不僅不害怕與人交談，反而還能主動在一些公眾場合表演一些小節目了。

上面這個案例中，龍龍為什麼在家那麼調皮搗蛋，而一到外面就變得膽小怕事了呢？這是因為他長期在家受到父母的寵愛，父母平時也沒有注重培養他的社交能力。幸運的是，媽媽及時領悟到了這一點，在發現龍龍的社交能力不足後，及時將他送到了幼兒園，讓他的社交能力慢慢地得到了提升。

喬治・華盛頓大學的心理學家萊金・菲利普斯說：「許多人不能與他人正常交往、和諧相處的原因，是他們在兒童時期沒有學會基本的社會交往技能。」可見，從小培養孩子正確的社交意識，對孩子日後與他人的和諧相處及事業的發展有著十分重要的意義。

既然如此，那麼父母應該如何為孩子創造社交機會，並培養孩子的社交能力呢？不妨借鑑以下方法：

> 別再圈養孩子,培養他的社交能力

1. 讓孩子多參加家庭以外的社交活動

　　培養孩子的社交能力,參加家庭以外的社交活動是個不錯的選擇。父母在平時不妨多利用空閒時帶孩子外出旅遊或走親訪友,主動替孩子創造一些與他人交往的機會,以此來鍛鍊孩子的社交能力,促進其更好地發展。

2. 父母不要保護過度孩子

　　生活中,很多孩子缺乏最基本的社交能力,往往是父母對孩子的過度保護所致。社交能力是人際交往中一項很重要的技能,同時也是社會交往的基本規則。孩子之間相處,矛盾與衝突是在所難免的,只要不會造成太大的傷害,父母就應該放手讓孩子自己處理矛盾、解決問題,而這也是發展社交能力的關鍵一步。

3. 替孩子營造良好的社交環境

　　在生活中,父母除了要以身作則做孩子的榜樣外,也要努力替孩子營造一個與人平等、友好相處的社交環境,讓孩子在不同的環境下與不同的人交往時,都能夠融洽地進行互動,這樣孩子的社交能力才能得到更多的歷練。

4. 透過各種途徑讓孩子多接觸同齡人

父母不要因為擔心孩子受到傷害，就一味地剝奪孩子與人交往的機會，而應該透過各種途徑讓孩子多接觸一些同齡人，這樣孩子便可以透過一起玩耍的機會，來接受和了解別人，並以此來獲得對方的認可。這樣不僅能有效地提高孩子的社交能力，還能讓孩子從中學會合作精神，可謂是一舉兩得。

社交問題其實並不是一件無足輕重的小事，可以說，它是每個孩子在邁向社會過程中的一門必修課。要想提升孩子的社會交往能力，父母首先就要從自身做起，放棄錯誤的圈養教育方式，放手讓孩子與身邊的人多接觸、多交往，努力培養孩子積極樂觀的生活態度和良好的社交能力。

指導孩子交友，但不是強橫干涉

指導孩子交友，但不是強橫干涉

每個父母都期盼著自己的孩子能在成長之路上一帆風順，為了這個目標，父母們始終堅定不移地努力著，干涉著孩子的各項事宜，覺得只有這樣，孩子才能少走彎路。尤其是在孩子的交友問題上，父母們總是使出渾身解數強橫干涉，為了防止孩子因交友不慎而誤入歧途，可謂是操碎了心。

下面案例中的小冰媽媽就是其中之一。

一天，小冰的媽媽參加完班親會回到家，遞給小冰一個小本子，這個本子對於小冰來說再熟悉不過，這是媽媽參加班親會的專用本，上面記錄了小冰每次的考試成績、名次，還有班上前十名的名單及成績。但是這次班親會記錄的這一頁出現了一行醒目的字眼——熊玲玲，倒數第一名。這是小冰好朋友的考試名次。

正當小冰疑惑媽媽記錄這個的原因時，媽媽說道：「妳看看妳交的什麼好朋友。考試成績那麼差，還倒數第一名，妳怎麼天天跟這種人在一起玩？」小冰馬上便明白了媽媽記下玲玲成績的原因，心裡有些不舒服：「玲玲成績是不好，但是她人很好的，成績不好又不代表我不能跟她做朋友啊！」

媽媽卻說：「關係怎麼不大，總之我不允許妳再跟她來往！這種朋友，早晚會把妳帶壞的！妳看看妳這次的名次

157

第6章　社交能力─孩子要習慣人群，將來才會合群

就下降了三名！再跟她玩下去，妳是不是想成為倒數第二啊！」說著說著，媽媽更生氣了，而小冰也不甘示弱：「我不會的，不會受她的影響的！她不是壞孩子，她雖然成績不好，可是她人不壞，她很善良，待人友好，她是我的好朋友。」

小冰還在試圖跟媽媽辯解，但是媽媽卻打斷了她，堅決不許她們來往。小冰覺得很委屈，認為和媽媽無法溝通，便不再理會，直接走進自己的房間，把門反鎖了起來。從那以後，小冰一連好幾天都沒有跟媽媽說過一句話。

上面案例中小冰和媽媽因為交友問題的爭吵在很多家庭中並不少見。每個父母都對自己的孩子寄予了厚望，都不願意看到自己的孩子成績差、變成壞孩子，而父母總是把孩子變壞、成績下降的原因歸結為交友不慎。於是父母們總是強烈地要求孩子只能跟優秀的同學交朋友，向成績好的同學學習，一旦發現自己的孩子與成績差的同學交朋友，就會驚恐萬分，生怕孩子會被帶壞。

人處於社會中，無法獨自生活，需要朋友，孩子亦是如此。古人說「近朱者赤，近墨者黑」，本意是希望人們能選擇良友，現今卻被很多父母當作強橫干涉孩子交友的藉口，如同案例中小冰的媽媽一樣，因為擔心孩子交到「壞朋友」會變壞，便強橫干涉孩子交友，殊不知這樣的做法實際上是一種教育的謬誤。

> 指導孩子交友，但不是強橫干涉

很多父母認為自己是為了孩子好而干涉他們交友，事實上這樣的行為忽視了孩子的心理需求和感受，不利於孩子的心理健康成長。要知道，孩子有自己的思想，父母強橫干涉、過度限制孩子的活動範圍和交際範圍，很容易讓他們的性格變得孤僻。同時，父母強橫地干涉孩子的交友自由和活動自由，不僅會影響孩子獨立意識的形成和社交能力的培養，還可能會讓孩子產生反抗心理，將孩子徹底推向壞朋友，得不償失。

孩子的成長需要經歷，交朋友也是孩子成長的必經之路，孩子需要在交友圈中長大成人。但是很多父母卻不給孩子成長的機會，他們總是監督孩子交友，希望了解孩子的交友情況，避免孩子交到壞朋友。出發點是好的，卻用錯了方法。懷疑和監督只會讓孩子感到不被信任，讓父母失去了解孩子真實情況的機會。明智的父母應該以朋友的身分和孩子談談朋友之間的交往，傾聽孩子對朋友的看法，並從過來人角度指導孩子交朋友，而不是強橫干涉。

雖說強行干涉孩子交友的做法不能提倡，但是父母也不能對孩子交友放任不管。很多孩子的想法比較簡單，涉世未深的他們需要父母教他們了解什麼樣的朋友才是真正的朋友、什麼樣的友誼才是值得珍惜的。此外，父母還要教孩子學會怎樣選擇朋友，孩子只有透過自己的努力找到真正的良友，才能受益終身。

第 6 章　社交能力—孩子要習慣人群，將來才會合群

　　需要注意的是，父母在指導孩子交友時，要把握分寸，充分尊重孩子的選擇和想法。交友是孩子學會社交的第一步，也是孩子將來能順利走進社會的基石。身為父母，要鼓勵孩子自己去多交朋友，而不是強橫地幫孩子做決定、干涉孩子的交友權利。

要讓孩子學會自己解決矛盾

現在的孩子在家裡大多數如眾星拱月般地被寵著,所以他們根本不懂得何謂分享與謙讓,這也就導致了他們在與同伴相處和玩耍的過程中,容易引發一些衝突與矛盾。當孩子與人發生矛盾與衝突時,身為父母的你應該保持一種怎樣的立場呢?是在孩子一遇到問題時,就急忙地充當幫手上場救援,還是採取置之不理的態度袖手旁觀呢?

實際上,在孩子的成長過程中,與同伴產生矛盾和衝突都是正常的發展和需求,因為孩子的人際交往能力只有在實踐中才能得到歷練與提升,他們需要透過問題的解決與處理去逐漸學會如何正確地與同伴相處。但生活中很多父母總是擔心自己的孩子吃虧,於是,在孩子遇到問題時便代替孩子處理問題。事實上,這樣做不僅不會收到良好的效果,反而還有可能讓衝突加劇,越發難以處理。

我們先來看一下浩浩和婷婷的故事。

5歲的浩浩和婷婷,都上幼兒園大班。這兩個孩子都屬於那種個性較強、不太聽話且調皮搗蛋的類型。平時在學校,兩個孩子相處得也還算融洽,雖然在一起時難免會產生一些小打鬧,但並沒有發生太大的矛盾與衝突。

這一天是星期五,因為放學比平時要早一些,孩子們就

第6章　社交能力―孩子要習慣人群，將來才會合群

在操場上一邊玩溜滑梯，一邊等待父母來接。沒玩多久，突然間就從溜滑梯上傳來了一陣吵鬧聲，原來是浩浩和婷婷鬧彆扭了。

「我要先溜！」

「不對，現在已經輪到我了，應該我先溜！」

只見兩個孩子一邊嘴巴裡嘟囔著，一邊站在溜滑梯的最高處拉扯著，互不相讓。浩浩雖然個頭比婷婷要矮一些，卻一點也不示弱，不由分說就將婷婷推到了旁邊，準備自己先溜下去。

眼看浩浩就要得逞了，婷婷當然是不服氣的。於是她也不甘示弱地在浩浩溜下去且剛剛站穩的瞬間緊跟著溜了下去，並且將還沒來得及站穩的浩浩衝撞到了地上。浩浩一邊哭著從地上爬起來，一邊衝向了婷婷。於是，兩個孩子就這樣扭打在了一起。

這一幕正好被剛進校接孩子的浩浩媽媽看到了，看到自己視若珍寶的孩子竟然被一個小丫頭欺負，她頓時怒火中燒。於是她立刻衝過去一把將婷婷拉開，並惡狠狠地對婷婷說：「妳這孩子怎麼這麼沒禮貌，故意把人撞倒了不說對不起，反而還要繼續打人，真是沒家教！」

婷婷看見一個大人突然對自己大聲嚷嚷，顯然有些被嚇住了，怯生生地回答說：「是浩浩先推我的。」

「我明明看到是妳撞浩浩在先的，妳這孩子小小年紀不學好，竟然還會撒謊。」浩浩媽媽氣憤地說道。

> 要讓孩子學會自己解決矛盾

此時,婷婷媽媽剛好也來了,看到自己的孩子正被一個大人數落著,心裡很不是滋味,於是非常氣憤地對浩浩媽媽說道:「妳這麼大個人了,怎麼能跟個孩子一般見識呢,也不怕被人笑話。」

「我怕什麼,明明是妳的孩子沒有教養。」浩浩的媽媽橫眉冷對。

「那又怎麼樣,我的孩子沒教養自有我來教,用不著妳多管閒事,還是先管好妳自己吧!」婷婷媽媽也不甘示弱。

……

看到孩子與他人產生矛盾,身為父母情急之下難免會因為心疼孩子而口不擇言。但是,你的參與只會讓孩子感到難堪,甚至還可能幫倒忙,阻礙孩子提高自我解決問題的能力。所以,當孩子與同伴起了衝突、產生矛盾時,父母最好不要參與其中,要讓孩子學會自己解決矛盾。要知道,孩子透過這種爭論、辯解、爭吵的過程,能更好地了解自己與他人,學會謙讓與分享。孩子處理矛盾的過程,實際就是一個不斷成長的過程。

在人際交往中遇到衝突與矛盾是不可避免的,如何有效地解決矛盾才是最重要的。在日常生活中,父母要多鼓勵和多啟發孩子自己動腦,教孩子學會勇於解決問題、處理矛盾。只有這樣,才能更好地幫助孩子成長,才能有效地提升孩子明辨是非與處理問題的能力。

第6章 社交能力—孩子要習慣人群，將來才會合群

身為父母，在孩子與同伴發生衝突與矛盾時，應該怎樣引導孩子自己解決問題呢？以下三點建議，值得借鑑。

1. 以平常心對待孩子之間的衝突

孩子在與人相處的過程中，雖然很容易引發一些矛盾，但他們的世界是單純的，更沒有記仇與報復這一說法。所以，父母不要對此斤斤計較，也不要抱著「他打你你就要狠狠地打他」的想法去教育自己的孩子。正所謂不打不鬧不相識，最好的做法就是以一顆平常心來對待孩子之間的衝突，引導孩子學會謙讓，並幫助孩子從中發展良好的友誼。

2. 正確引導孩子的自衛心理

孩子與人發生衝突或矛盾被他人欺負後，肯定會由於一時的氣憤而導致內心的不痛快。此時，他們可能會因為想替自己討回公道，而將矛盾不斷激化。這其實就是孩子的一種自衛心理。對於孩子的這種自衛心理，父母要給予正確的引導，既要讓孩子樹立起自我保護意識，也要教育孩子不能主動去攻擊別人。

> 要讓孩子學會自己解決矛盾

3. 千萬不可縱容與壓制孩子的行為

　　父母在處理孩子與同伴產生的衝突與矛盾時，不能因為出於對孩子的疼愛就選擇替孩子撐腰，更不可一味地縱容和壓制。因為縱容只會助長孩子的攻擊性，而壓制也會使孩子養成一種欺負弱小的不良惡習。因此，父母一定要注意方法得當，避免方法錯誤而傷害到孩子幼小的心靈。

　　很多時候，父母總以為自己代替孩子處理問題，是在保護自己的孩子，是給予孩子最好的愛。但是，你別忽略了，你會寵愛你的孩子，但是別人不會，外面的世界更不會因為他是個孩子就嬌慣著他。誰都不願自己的孩子受到傷害，誰也不願自己的孩子成為他人口中的「萬人嫌」。所以，身為父母，千萬別怕孩子起衝突，應大膽放手讓孩子學會自己解決矛盾，而父母所要做的，就是教會孩子處理矛盾的正確方法。

第 6 章 社交能力—孩子要習慣人群，將來才會合群

引導孩子融入群體，學會合作

　　隨著生活條件的提高，越來越多的父母把對孩子的關愛體現在了給予孩子物質生活的享受上，但他們卻忽略了一個重要的事實，那就是孩子對友情的渴望。幾乎每一個孩子都渴望友情，都希望能脫離父母的掌控，早日融入群體生活。很多父母錯誤地以為，孩子擁有父母的愛就足夠了，就能夠很幸福地成長，但其實再好的父母也不能代替同伴。有位青少年研究中心家庭教育專家說：「孩子是在同伴交往中長大的，同伴交往的一大功能就是相互學習，這能有效幫助孩子完成社會化的過程。」

　　正所謂「三人行必有我師」，在與同伴的交往中，在群體生活的體驗中，孩子們可以透過相互學習，學會合作並融入群體。

　　我們生活在這個世界上，誰都不可能是一座孤島，而未來的時代也注定是一個注重團隊合作、需要團隊精神的時代。現今的孩子大多缺乏集體意識和團隊合作精神，長此以往，孩子將來會很難在社會中立足。

　　美國心理學家羅賓指出：「兒童之間的友情對孩子們的生活具有潛在的重大作用：為別的孩子提供學習社會技能的機會，了解自我，並形成對社會的認知和形成群體的歸屬感。

引導孩子融入群體，學會合作

孩子可以在交往的時候發現自己的力量、正視自己的弱點，這些僅在家庭中是難以獲得的。」而融入群體的孩子，因為多了玩伴，其性格方面也會更加活躍開朗、積極樂觀。由此可見，讓孩子儘早融入群體或團隊中，對孩子的各方面發展都是極好的！

我們來看一下彼得大帝的案例。

彼得大帝小時候十分喜歡玩遊戲，尤其是酷愛一些軍事類的遊戲。可是，由於他是皇子，所以他的內心便擁有一種與生俱來的優越感，總覺得自己高人一等。因此，每次玩遊戲，他總是搶先做首領，可是做了首領的他卻不懂得首領的真正作用，總是喜歡憑藉個人喜好無禮地指揮玩伴做這做那，有時甚至還會隨意地打罵他們。為此，同伴們都不願意與他一起玩，總是故意躲著他。漸漸地，小彼得也感覺到了玩伴們對他的疏遠，卻不明白具體的原因。於是他就跑去向爸爸請教。了解了兒子被人故意疏遠的緣由後，爸爸不禁哈哈大笑起來，並反問小彼得：「你是不是非常希望能和你的玩伴們親密無間地玩耍呢？」

「是的，爸爸。」小彼得的心思被爸爸猜中了。

「可是，你有想過問題具體出在哪裡嗎？」爸爸進一步追問。

「我就是因為不知道，所以才來問您的。」彼得一臉鬱悶地回答。

第6章 社交能力—孩子要習慣人群，將來才會合群

爸爸說：「雖然你的身分高人一等，但他們並沒有因為這個原因而疏遠你。反倒是你，總是以皇子的身分自居，不僅蠻橫無理地指揮他們，還利用你的身分來壓制他們，絲毫不尊重他們的意願。」

「原來他們是因為這個呀。」聽了爸爸的分析，小彼得高興極了。但隨後，他又為難地問爸爸：「那我應該怎麼做才能融入他們呢？」

看到小彼得願意誠心改過，同時也希望兒子日後成為一個人人稱讚的好皇帝，爸爸語重心長地對彼得說：「首先，你要忘掉自己的皇子身分，把自己當作和他們一樣平等的人。然後在行動上，你也要以理服人，並充分尊重同伴的想法與建議，千萬不要無理取鬧。記住，在群體中一定要有合作精神，這樣你不僅能學到很多東西，而且還能和他們一起玩遊戲，一起享受成功的喜悅。」

就這樣，透過爸爸深入淺出的耐心分析，小彼得終於明白了，一個人只有融入群體中，才能讓自己的能力得到充分的鍛鍊和發展，才能在合作互補的情況下實現雙贏。而這種在群體中所學到的寶貴經驗，也為他日後成功的人生打下了最堅實的基礎。

生活中總有一些膽怯的孩子，他們不懂得與人交往，更加不懂得用何種方式才能融入群體。那麼，在這種情況下，父母該如何做才能更好地培養孩子的群體觀念，幫助孩子盡快地融入呢？以下方法或許可以幫助到你。

引導孩子融入群體，學會合作

1. 讓孩子建立友好平等的關係

　　人與人之間是平等的，並無高低貴賤之分。如果孩子不能很好地正視自己的心態問題，那麼就很容易用一種自身的優越感來壓制他人，並要求別人都要服從於自己。而在這種不平等、不合理的情況下，孩子要想融入群體中自然就會遭受排擠與牴觸。所以，父母首先要讓孩子學會調整心態，建立起友好而平等的關係。

2. 讓孩子在群體中學會成長

　　父母不能因為愛孩子，就違反孩子的自然成長規律。孩子也需要群體生活，只有在群體中，孩子才能真正體會到與人和睦相處、合作雙贏的意義，同時還可以取長補短，學習到更多的寶貴經驗。

3. 為孩子創造融入群體的機會

　　在日常生活中，父母不妨經常帶孩子去一些人多的場合或參與一些團體活動。為孩子主動創造一些融入群體生活的機會。這樣的互動參與不僅可以讓孩子在群體中學到知識，還可以培養孩子的群體合作精神，讓孩子更好地融入群體生活中。

4. 努力培養孩子謙讓合作的精神

為了讓孩子能儘早地融入群體生活，父母在平時可以培養孩子謙讓合作的精神。父母應該讓孩子明白，在團體活動中個人只是一個微小的元素，學會互助與謙讓，可以更好地獲得他人的接受與認可。

在成長的道路上，一個人只有融入群體，才能在群體的互相合作中享受到合作所帶來的樂趣，學習到寶貴的人生經驗，並由此而激發出自身最大的潛力與智慧，最終取得勝利，走向成功。

適應能力讓孩子更合群

有些孩子在家裡還滿活潑的，可是一到學校就變了個樣，沉默寡言，不愛和同學交流，總是一個人在座位上發呆或是做自己的事情，從不主動參與團體活動，表現得與周圍的同學格格不入。

案例中的媛媛就是這一類型的孩子。

最近，媽媽發現媛媛有些變了，變得更喜歡待在家裡，不願意出去和其他孩子一起玩了，剛開始媽媽還挺欣慰的，認為女孩子文靜點好，就沒有太在意。

後來，媽媽發現每次去接媛媛放學的時候，她總是一個人從學校走出來，並不像其他孩子那樣三三兩兩、結伴而行，即使碰到同學也不和同學打招呼。次次都是如此，這才引起了媽媽的注意，媽媽連忙打電話給老師詢問媛媛在學校的情況。

老師告訴媽媽，媛媛在學校確實有些不合群，從不主動參與團體活動，每次同學們在一起討論問題時，她都是一個人默默地在座位上看著，即使有同學主動邀請她，她也總是搖頭拒絕。

聽完老師的話，媽媽不明白，媛媛在家滿開朗活潑的，為什麼在學校就不一樣了呢？最後，老師安慰媛媛媽媽說：

第6章　社交能力—孩子要習慣人群，將來才會合群

「其實媛媛也沒什麼大問題，只是有些不太合群，可能過一段時間就好了。」

看完上面的案例，你贊同老師的說法嗎？你也認為媛媛沒有什麼大問題，只是不合群嗎？正如案例中所說，老師是在安慰媛媛的媽媽，其實媛媛最大的問題不僅僅是不合群，而是適應能力也很差。

一般來說，不合群的孩子性格都比較孤僻，他們不太願意也不知道該如何與他人相處，更不會主動地融入群體之中。久而久之，這一類型的孩子就會變得越來越自卑、越來越不合群，即使將來步入社會也會因為適應能力差而失去競爭力。因此，父母如果發現孩子出現了不合群的現象時，一定要多加關注孩子，不能讓不合群影響孩子各方面能力的發展，甚至影響孩子的將來。

然而，現在有些父母不是過分地保護孩子、限制孩子，就是過多地關注孩子的成績和智力發展。他們認為，孩子只要聰明、成績好就行了，合不合群不太重要。所以，我們常常會見到以下情形：

孩子上幼兒園了，父母忙著幫他做營養早餐，忙著替他報名才藝班，卻沒有教他最基本的規矩和禮貌；孩子上小學了，父母忙著替他報名各種補習班，忙著關注他成績是否優秀、有沒有得到老師的表揚，卻沒有教他怎樣與同學和諧相

適應能力讓孩子更合群

處,更沒有教他尊重老師、感恩父母;孩子上國中了,父母忙著操心他是否能考上理想的學校,卻沒有教他如何適應環境,使自己的內心變得更強大⋯⋯

然而,社會才是檢驗一個孩子的最終舞臺,在這個大舞臺上,一個孩子是否畢業於名校、是否多才多藝,都遠沒有孩子的適應能力重要。

龍應台在《目送》中寫道:「所謂父女母子一場,只不過意味著,你和他的緣分就是今生今世不斷地在目送他的背影漸行漸遠。」如果你愛你的孩子,那麼請在孩子離你漸行漸遠前,送給他一份可以終身受益的禮物——培養孩子的適應能力,讓孩子用自己的能力創造屬於自己的人生。

那麼,身為父母,要如何幫助孩子,培養孩子的適應能力呢?

1. 培養孩子的人際交往能力

每個人都是在群體中生活和學習的,孩子更是如此,因此人際交往能力是孩子適應社會的第一課。孩子在人際交往中不僅可以學習他人的優點、獲取有價值的資訊,還能學會溝通的方法和技巧。

在日常生活中,父母可以鼓勵孩子交朋友,鼓勵孩子積

極參加學校的課外活動,告訴孩子同學之間要友好互助,即使偶爾發生衝突,也要學著化解矛盾,而不是激化矛盾。

2. 讓孩子知道社會也有殘酷的一面

現在的父母都把孩子保護得太好,不想讓孩子受到任何傷害,因此,如今的孩子猶如溫室裡的花朵,表面上鮮豔芬芳,實際上卻無比脆弱,經不起一點風雨,可以說毫無適應能力。

我們不得不承認,社會的殘酷和險惡不是你不提,它就不存在的。有些父母認為只要把孩子放在安全區內就可以了,可是孩子終究會長大,父母又能保護孩子多久呢?因此,父母要適當地讓孩子知道社會也有殘酷的一面,培養孩子的心理適應能力,同時教會孩子愛,讓孩子認清社會殘酷面的同時擁有一顆愛心。

3. 告訴孩子基本的安全常識

幾年前,有一則新聞引發了熱議:一個名校畢業的高材生,因找工作時被騙入傳銷,最後絕望地結束了自己的生命。這個年僅23歲、對未來滿懷希望的青年,就這樣離開了人世。

> 適應能力讓孩子更合群

　　類似的案件數不勝數，對此，人們無不感到悲痛和嘆息。為什麼堂堂高材生會被輕易地騙入傳銷呢？

　　其實，最根本的原因是父母過度庇護孩子、保護孩子，致使孩子適應能力差，最後無法適應社會。總有一天孩子會獨立面對這個世界，雖然父母對孩子的保護是源於愛，但是如果你真的愛孩子，就不要把孩子保護得太好，而是應該把孩子放入人群中，讓孩子自己去摸索，提高孩子的適應能力。只有這樣，孩子將來才會更好地適應社會。

　　所以，父母要告訴孩子基本的安全常識，讓孩子在脫離庇護的情況下也能適應社會、獨立生存。

　　家庭教育的本質和根本目的，是為了讓孩子在羽翼漸豐的時候能更好地適應社會，而不是一直躲在父母的懷抱裡，做一個長不大的孩子。聰明的父母永遠知道孩子真正的需求是什麼——孩子需要的是和世界相處的能力，需要的是獨立適應社會的能力。

第 6 章　社交能力—孩子要習慣人群，將來才會合群

第 7 章
孩子不是為父母讀書，而是為自己

　　許多父母都希望自己的孩子能好好讀書、天天向上。這種想法本身沒有錯，只是在引導孩子學習的過程中，父母往往用錯了方法、跑偏了方向，他們常常逼迫孩子讀書，卻沒有告訴孩子為什麼要讀書。

　　孩子讀書是為了自己，而不是為了父母。父母只有首先明確這一點，才能更好地引導、支持孩子的學習過程，讓孩子成為更聰慧、更謙遜、更有學識、對社會更有用的人。

第 7 章　孩子不是為父母讀書，而是為自己

把孩子的「要我讀書」變成「我要讀書」

在日常生活中，我們常常會發現，孩子做事的方式總是和大人有所差別。比如吃飯時，大人常常會把好吃的、喜歡吃的留在最後，而孩子卻恰恰相反，他們總是先吃自己喜歡吃的菜，把不喜歡的留在最後。

其實，在課業上，孩子也是如此。孩子愛玩是天性，他們總是喜歡先玩夠了，才會想到用功。孩子遇到喜歡的科目時，總是很認真地聽、很認真地學，而遇到不喜歡的科目卻提不起興趣，做作業時也是先做喜歡的科目，久而久之，不喜歡的科目自然成績就差很多。當孩子不喜歡讀書或者不喜歡學習某些科目時，父母總是習慣逼迫他們學。殊不知，一味地督促與指責，只會讓孩子原本焦慮的心理變成叛逆，在厭學的道路上越走越遠。

每個孩子都有自己不喜歡做的事，如不喜歡讀書、不喜歡幫父母做家務等。遇到這樣的情況，父母不妨適當地利用「同步心理」讓孩子去做原本不喜歡、不願意做的事。對於孩子來說，沒有什麼事情比脫離群體更可怕，比如孩子常常以「我的同學就有，為什麼我沒有」來央求父母買自己想要的東西，就是受「同步心理」的影響。父母可以適當利用孩子這種害怕脫離群體的不安心理激勵孩子，利用孩子的心理弱點促

把孩子的「要我讀書」變成「我要讀書」

使孩子主動讀書。

下面的案例中，李嚴媽媽的做法就值得各位父母借鑑。

李嚴從小就是一個讓父母和老師頭痛的孩子，不愛讀書，不做作業，無論父母怎麼逼迫，都產生不了任何效果。最近父母愈演愈烈的逼迫行為，讓李嚴越發厭學，面對父母無休止的嘮叨和逼迫，李嚴大聲說道：「我就是不做作業，不想讀書！」然後使勁地關上了自己的房門。面對孩子的厭學和反抗，李嚴的媽媽既生氣又無奈。

一天，李嚴的媽媽與同事聊到關於孩子的教育問題，聽到同事的方法後，心中也有了辦法。當天晚上，李嚴媽媽回家看到李嚴在看電視，忍住沒有逼他去做作業，只是問兒子想吃什麼，然後就去做飯了。吃飯時，李嚴心情很不錯，還多吃了一碗飯，可能是因為媽媽沒有逼他讀書、做作業。

飯後，媽媽跟李嚴說：「嚴嚴，今天我跟王阿姨、林阿姨商量著準備這個暑假出去旅遊。」李嚴聽後眼睛放著光：「我也要去！」

「我們是打算帶你們二個孩子一起去的。不過王阿姨和林阿姨都是要求他們的孩子在玩的時候也不能忘了讀書，所以我們會在旅遊時準備一些關於課業知識方面的小遊戲，媽媽擔心你沒做好準備，到時候輸了，媽媽會沒有面子的。」

李嚴想要開口說，可是又不知道說什麼，媽媽又繼續說：「我們幾個媽媽還準備了禮物呢，到時候誰表現得最棒，就送給誰。」

第 7 章　孩子不是為父母讀書，而是為自己

　　聽到禮物，李嚴立刻開口道：「媽媽，妳放心吧，我一定會得到禮物的。」

　　於是，從那天以後，李嚴開始主動讀書，放學回家後，也不再先看電視，而是主動做作業，到了期末，學業成績有了很大的提升。

　　相信很多父母都和之前的李嚴媽媽一樣，因為孩子的厭學而無奈、苦惱。「我女兒什麼都好，就是對讀書提不起精神」、「都快考高中了，我家孩子還是天天只想著玩，從不自己主動複習功課」、「為了提高孩子的成績，我請家教都不知道花了多少錢，可是不見任何成效，孩子反而越來越不好好讀書」……

　　在生活中，像李嚴一樣無心向學的孩子越來越多，父母想盡各種辦法逼著孩子學習，打罵責罰、請家教、報名補習班等等，以為可以讓孩子多花點時間在課業上，提高學業成績。殊不知，父母越逼迫孩子讀書，反而越讓孩子想要逃離課業。父母講的道理孩子聽不進去，父母的打罵也無濟於事。

　　因此，當孩子不主動讀書時，父母千萬不要逼迫他們，更不要一味地打罵指責他們，否則不僅達不到想要的效果，反而會加劇孩子的叛逆心理，讓孩子更加厭惡讀書，得不償失。那麼，父母要怎麼樣讓孩子的學習變得主動，由「要我讀書」變成「我要讀書」呢？

把孩子的「要我讀書」變成「我要讀書」

1. 父母應該多給孩子一些理解和鼓勵

要知道，孩子之所以不喜歡讀書，是因為他們覺得課業壓力大，當成績下降或者很難提高時，孩子的努力沒有得到回報，他們會很沮喪，因此不能集中精力讀書，久而久之，就不想用功，甚至厭學。此時，父母應該多給孩子一些理解，盡量疏導孩子內心的困惑和沮喪。然後多給孩子一些鼓勵和肯定，讓孩子能獲得自我認同感，從而建立信心。有了自信後，孩子自然就不會再那麼害怕學習了。

2. 父母應該讓孩子知道學習的本質，激發他們的學習興趣

很多孩子在應試教育體制的影響下，已經搞不清楚學習到底是為了什麼。父母應該讓孩子知道，學習並不是為了得到好的成績和分數給父母看、給老師看，而是為了他們自己而學。父母應該讓孩子重新了解學習過程中自己想要的，從而激發他們的學習興趣。

3. 父母還可以透過一些獎勵來激勵孩子學習

例如，案例中的李嚴媽媽，以旅遊、禮物的方式激勵李嚴用功。當孩子有了強烈的目的意識、有了努力的目標後，自然也就會幹勁十足，會主動地為自己的目標而學習。

第 7 章　孩子不是為父母讀書，而是為自己

厭學，常常是父母所導致的

所謂厭學是指學生在學習過程中所產生的一種負面情緒。主要表現為：在讀書活動認知上存在偏差，在思想與情感上有負面情緒，行為上遠離讀書。厭學可表現為很多種形式，比如：孩子不願主動去學校、害怕見到老師、不願與人討論有關學習的一切話題等。

根據有關調查發現，學齡兒童中，有 46％ 的學生表示缺乏主動的學習興趣，33％ 的學生會明顯表現出對學習的厭惡，而真正熱愛學習並對學習保持正面態度的學生只有 21％。厭學，如今已成為阻礙學齡兒童身心發展的一個重要問題。孩子厭學，原因是多方面的，但是教育專家認為，其主要原因還是來自父母不恰當、不合理的教育方式。主要表現在以下三個方面：

1. 給孩子太大的壓力

當今社會不只是孩子喜歡比較父母，父母同樣也喜歡比較孩子。他們希望透過孩子的學業成績來滿足自己在同事、親友面前的比較心理。於是，他們不顧孩子的意願，強行剝奪孩子的自由，不停地安排各種補習班。長此以往，孩子在

這種強大的壓力下,內心的孤獨無人傾訴,並最終發展到對學習的厭倦。

2. 家庭環境的不良影響

很多父母自身工作壓力大或者感情不和睦,於是就容易把這種不良情緒傳染給孩子。而孩子長期生活在爭吵或打罵的環境中,感受不到父母的疼愛,就有可能產生悲觀厭世的想法,並逐漸把這種情緒帶到課業中。

3. 過於強調孩子的遠大目標

父母希望孩子出類拔萃,這種想法本來無可厚非,但是凡事過猶不及。父母一味地對孩子強調遠大目標,卻忽略了孩子的自身狀況。這樣只會使自己的行為變成一種慣性和教條,並最終造成孩子的精神壓力,使孩子感受不到學習的樂趣而喪失信心。

所以,是時候替孩子減壓來緩解他們厭學的情緒了。身為父母不要總是製造太多的壓力與負擔給孩子,對孩子的期望更要建立在合情合理的基礎上,要讓孩子在一種輕鬆自由的環境下學習,讓孩子輕裝上陣,這樣孩子才更願意去學。

相信下面這個案例會給父母們一些啟示。

第 7 章　孩子不是為父母讀書，而是為自己

　　王小飛今年上國三，成績雖然中等偏上，但是他的父母依然為此著急。因為再這樣下去，想要考上前幾志願的高中似乎就是一種奢望。於是，夫妻倆一起上陣，不僅輪流督促孩子讀書，還時不時灌輸孩子「考不上好高中就很難考上好大學」的想法，想藉此來向孩子施加壓力。不過這樣做似乎並沒有多大效果，小飛的成績並沒有進步，反倒是人變得鬱鬱寡歡了，經常一個人發呆，注意力不集中。

　　看到兒子的變化，夫妻倆以為兒子病了，於是帶兒子去看醫生。結果發現兒子竟然有了憂鬱症的傾向，主要原因竟是心理壓力過大。這可如何是好呢？鑑於此，醫生為他們出了一招「減壓」計。

　　回家後，夫妻倆去找兒子談了心，爸爸說：「小飛，我們一直都希望你能考上一個好的大學，卻沒想到對你施加了太多的壓力。現在我們想開了，覺得應該以你的能力來評估對你的要求。爸爸不強求你能考取前幾志願的高中，哪怕以你現在的成績將來只能上普通高中，那也沒關係。」

　　「爸爸，你們真的不逼我了嗎？」

　　「當然是真的！不過，你也不能因為我們降低了對你的要求就不認真讀書，知道嗎？」小飛聽完連忙點頭。

　　從那以後，小飛的臉上開始有了笑容，而且也開始主動用功讀書，再不需要父母的提醒與督促了。當考試結束，父母開始著手準備兒子升高中的一切手續時，卻出現了一個戲劇性的轉折——小飛竟然考上了前幾志願！收穫這個意外的驚喜，全家人都高興不已。父母奇怪地問兒子，怎麼進步

> 厭學，常常是父母所導致的

會如此之快，小飛笑著說：「沒有壓力，輕裝上陣自然發揮得好！」

為人父母，都希望孩子能出人頭地、成為他人學習的楷模。可是真正的教育，不是該依照孩子的實際情況嗎？如果父母不顧及孩子的想法與意願，給予孩子過高的期望值，只會讓孩子壓力過大而導致情緒崩潰。所以，只有降低你的標準與期望，為孩子減去沉重的負擔，孩子才會輕鬆自如、身心愉悅地一路前行。

那麼，在教育孩子時，為了不造成孩子的厭學情緒，父母應該如何替孩子減壓呢？

1. 不以分數論成敗，重視學習過程的快樂

很多父母往往過於看重分數的重要性，當孩子考得好時就各種獎勵，考得不好就各種責罵。這樣的教育方式，只會讓孩子對學習感到厭惡和恐懼，久而久之，便會失去對學習的興趣。所以，父母應該放棄對分數的過分看重，並想辦法讓孩子享受學習的快樂，從此愛上學習。

2. 善於激發孩子的學習興趣

孩子厭學是因為對學習失去了興趣，父母要善於引導，從各方面來激發孩子的學習興趣。如綜合運用聽、說、讀、寫或轉移注意力，來開導孩子的心理，教會孩子樂觀向上地

第 7 章　孩子不是為父母讀書，而是為自己

面對各種情況。值得注意的是，父母不能操之過急，要循序漸進地加以引導。

3. 激發孩子的自我向上意識

父母平時在教育孩子的過程中，不妨多讓孩子講一些自己課業上的優勢或是受到表揚、讚賞的、比較有成就感的事情，來激發孩子的自我向上意識。這樣不僅可以幫助孩子提高自信，還可以激發他們繼續奮發圖強的決心。

4. 為孩子建立發揮他們特長的舞臺

每個孩子都是獨一無二的，父母不要只看重孩子的學業成績，也要善於發現孩子在其他方面的特長，並積極為孩子建立能夠發現他們特長、展示他們才能的舞臺。

比如，有的孩子雖然成績一般，但在書法、繪畫、體育等方面有自己的優勢，父母就可以從中去激發孩子的積極性與主動性。如此，當孩子在這些方面看到了自己的優勢並取得成功時，也能盡快地從厭學的悲觀情緒中走出來。

請放下對成績和分數的執著

身為父母，在孩子學習的過程中，關心孩子的成績與分數本來是無可厚非的。但是並非每一位父母都能正確而理性地對待。很多父母往往把孩子的成績當作自己向外炫耀的資本，或是滿足自己虛榮心的籌碼，所以導致孩子在學習的過程中承受了很多無形的壓力。據調查發現，目前社會上很多父母對孩子成績與分數的過度執著所引起的一些不恰當的行為舉止，已經嚴重干擾了孩子的正常學習。

父母普遍認為，如果自己不關心孩子的成績或分數，那就代表不關心自己的孩子。因為在父母的潛意識裡，成績不僅代表了孩子的未來，更代表自己對孩子的辛苦付出以及孩子對自己的回報。但是過度的關心，卻很容易讓孩子造成這樣的誤解：即在父母的眼裡，成績比自己還重要。雖然這是種誤解，但是很可惜，孩子並不能理解。他們感受到的是父母替自己設定的一座又一座壓力的高山。

下面就來看看父母過度關注成績與分數對孩子造成的不良影響：

第 7 章　孩子不是為父母讀書，而是為自己

1. 忽略孩子的個性，導致孩子否定自己

　　正如世上沒有兩片完全相同的樹葉，不同的孩子也難免會存在個體上的差異。比如有些孩子雖成績不好，但是卻在其他方面存在一些潛能與特長，父母如果過分地看重成績，就會忽略這些方面。孩子因為父母對課業的過分關注，就不得不放棄自己的興趣愛好，最終變得壓抑、沉默，並在這種極大的壓力下不斷地否定自己。

2. 只注重成績會讓孩子對未來產生焦慮

　　父母只注重成績，就會不斷地製造各種壓力給孩子。在這種壓力下，孩子如果成績不好、達不到父母的期望值，就會由此而自暴自棄，進而對未來產生焦慮。

3. 對孩子要求過於嚴苛

　　「望子成龍，望女成鳳」的思想固然沒錯，但是若因此就不斷地向孩子提出一些過於嚴苛的要求，那麼只會對孩子的學習造成壓力，使孩子把課業當成負擔。在這種負擔下，孩子的心情會變得鬱鬱寡歡，仇視身邊的一切，把父母當成敵人。蔡元培先生曾說：決定孩子一生的不是學習成績，而是健全的人格修養！身為父母，如果自身還不能完全地意識到這一點，不試著改變自己錯誤的教育觀念，孩子長期生活在

> 請放下對成績和分數的執著

你的這種過度施壓的政策下,那麼只會失去對學習的興趣而產生一些撒謊、作弊的不良惡習。

我們先來看一個案例。

小宇今年讀小學五年級,他的成績在班上屬於中等偏上,不算好也不算差。但是喜歡炫耀、喜歡比較的父母總覺得孩子的成績太丟人,讓他們在同事朋友面前抬不起頭來。為了讓孩子更加努力,也為了以後孩子能有個好前途,於是父母便替他報名了各式各樣的補習班,想讓他提升成績,努力擠進班級前五名。

可是在父母的過度期望與各種壓力下,小宇的成績不但沒有提升,反而還退步了。期末考試成績公布,數學竟然沒有及格。這可如何是好呢?如果父母看到成績與分數,肯定會生氣而懲罰自己的。

想到這裡,小宇計上心來,他決定撒謊來欺騙自己的父母,而且為了確保不露餡,他還和同住一個社區的同班同學統一了口徑:雖然考試了,但是考試成績沒有公布。想以此蒙混過關逃避父母的責罰。而且,小宇還想好了萬全的對策,萬一露餡了,被父母知道考試成績已經公布,也不要緊,他打算偷偷竄改試卷上的分數。

看到這裡,身為父母,你的內心是否被震撼到了?孩子為了逃避責罰竟然不惜以撒謊來搪塞你。這種結果恐怕令你始料未及吧!而這也正是家庭教育中的衝突──父母一廂情願地愛,過度關注孩子的成績與分數,導致孩子在這種壓力

189

第 7 章　孩子不是為父母讀書，而是為自己

下別無選擇地接受，最後引來反抗。

著名教育家赫伯特・史賓賽（Herbert Spencer）曾經說過：「身為父母，千萬不能太看重孩子的考試分數，而應該注重孩子思考能力、學習方法的培養，盡量留住孩子最寶貴的興趣與好奇心。絕對不能用考試分數去判斷一個孩子的優劣，更不能讓孩子有以此為榮辱的意識。」

那麼，父母需要怎麼做才能放下對孩子成績與分數的執著，正確對待孩子的學習呢？

1. 父母的心態應該從
關注分數轉變為關注孩子的學習能力

雖然考試成績是對之前學習過程的一種總結與檢驗。但成績並不一定是考出來的，而是平時學出來的。一般來說，平時學習能力強、效果好的人自然考試分數也會高，同樣的道理，平時學習能力差的人分數自然也低。由此可見，學習能力的提升才是學習進步的根本。

那麼，一個人的學習能力與哪些要素有關呢？

① 學習目標。有目標才有動力，所以父母不妨替孩子制定一個明確而可行的目標，並且這個目標和日後的人生是緊密相連的，用目標來激發孩子的學習動力與潛能。

② 學習習慣。在日常生活中,父母也要注重孩子習慣的培養,比如預習、複習、階段總結、時間規劃、作息安排等,這些都需要在日常學習的各個環節中養成。

2. 父母應該從
單純的重視分數轉變為關注孩子綜合素養的發展

分數是衡量學習成績的一個指標,但並不是唯一的指標,全面發展才是最重要的。所以,父母應該從單純的重視分數轉變為關注孩子綜合素養的發展。

具體來說,可以這樣做:

① 關注孩子的身心健康。不管課業多麼繁重與緊湊,父母都要隨時關注孩子的身心健康。在安排孩子鍛鍊身體的同時,也要注意培養孩子健康的心態,關注孩子的可持續發展。
② 培養孩子正確認知自己的能力。人不管在成長的哪個階段都有自己的責任與能力,父母應該盡可能地幫助孩子發掘與發揮自己的能力,揚長避短,從而更好地面對學習的壓力與挑戰。

在教育孩子的過程中,也只有父母的教育觀念發生了轉變,孩子才能更好地接受良好的家庭教育,才能在正確的家庭教育中終身受益。

第 7 章　孩子不是為父母讀書，而是為自己

　　總之，為人父母要明白，不要片面地以分數來評論孩子的學習成敗，也不要以分數來作為衡量孩子能力高低的唯一標準，一定要理性對待孩子的成績與分數。放下對孩子分數的執著，鼓勵與支持孩子全方位發展，孩子才會勇敢邁步朝著自己的明天**奮勇**前行。

要尊重孩子的興趣，他才會愛上學習

愛因斯坦說：「興趣是最好的老師。」的確，一個人如果發自內心地熱愛或喜歡一件事情，就會廢寢忘食，就會全力以赴地為之努力奮鬥。但事與願違的是，生活中常常有很多父母不尊重孩子的興趣，總習慣於把自己的主觀意願強加在孩子身上，殊不知這樣隨意扼殺孩子的興趣，不僅容易阻礙孩子的個性與思維發展，更會讓孩子產生厭學的情緒，反而得不償失。

為什麼這麼說呢？因為父母以愛之名，對孩子的興趣愛好隨意扼殺時，表面上看是為了幫助孩子更好地學習與成長，實際上卻剝奪了孩子的快樂與希望。所以，對於孩子的興趣愛好，父母不能簡單而粗暴地加以阻止，因為這樣做非但收不到效果，反而還有可能使事情走向對立的局面。

在社會競爭日益激烈的嚴峻形勢下，父母希望孩子好好學習是無可厚非的。但是，如果一味地注重成績，忽視了孩子興趣愛好的發展與培養，甚至以大欺小、以強欺弱，把自己的意願強加於孩子身上，那這種做法是萬萬不可取的。

美國哈佛大學一位心理學教授說：「人的大腦存在著多種互不相關的智力領域，不能只用一種標準來衡量一個人是不是聰明。」這也告訴我們，人的能力有高低，父母應該結合

第 7 章　孩子不是為父母讀書，而是為自己

孩子的自身實際情況，開發孩子大腦的智慧領域，來更好地激勵孩子多方面的求知興趣。

一般來說，只要孩子的興趣是健康的、積極向上的，父母就應該給予支持和鼓勵。法國著名的自然科學家尚－亨利‧法布爾（Jean-Henri Fabre）說：「興趣能把精力集中到一點，其力量好比炸藥，立即把障礙物炸得乾乾淨淨。」可以說，興趣比智力更能有效地激發孩子的學習動力，同時，強烈而持續的興趣也是一個人從事社會活動或發展個人才能的重要保證。

所以，聰明的父母往往不會隨意扼殺孩子的興趣，而是會充分尊重和守護孩子的興趣愛好。眾所周知，湯瑪斯‧愛迪生（Thomas Edison）小時候也是十分頑劣不堪的，而他之所以能夠在日後成為偉大而著名的大發明家，與他的母親對他興趣愛好的尊重和正確引導是分不開的。

反之，如果父母對孩子的興趣愛好視若無睹，強行讓孩子按自己的意願去學習他不感興趣的事情，久而久之，他們的內心會飽受煎熬，身體和精神都會受到打擊和折磨。而父母施加給孩子的這種硬性要求，不僅會掩蓋孩子真正的才能，還會抑制他們自我選擇和獨立思考的能力，為孩子的成才之路埋下隱患。

下面先來看一個案例。

要尊重孩子的興趣，他才會愛上學習

西晉時期，有一位著名的文學家名叫左思。可是，他的求學之路非常坎坷。在他小時候，他的父親因為喜歡書法，所以就一心想讓兒子也學習書法，甚至還不惜重金聘請名家為其指導。無奈，對此一點也不感興趣的左思，不管怎麼學都沒有進步，最終學無所成。眼看學習書法失敗，他的父親又決定讓他學畫畫，結果同樣是學了很長時間，畫出來的畫卻像小孩子的塗鴉一樣。

直到這時，左思的父親才意識到，要想讓孩子學有所成，還是得尊重孩子的興趣才行。於是他改變了自己以往的教育方式，根據兒子過目不忘並對文學很感興趣的特點，鼓勵支持兒子學賦詩。沒想到，兒子在這方面學習起來得心應手，進步更是神速。經過堅持不懈的刻苦努力後，左思在這方面的造詣更加精深，並最終成為西晉著名的文學家。

由此可見，興趣對於一個人的發展有多麼重要，父母只有尊重孩子的興趣，孩子才會愛上學習。日本教育家木村久一說：「天才，就是強烈的興趣和頑強的入迷。」所以，父母若想讓自己的孩子成龍成鳳，就必須無條件地尊重並支持孩子的興趣，這樣孩子才會為了更好地發展自己的興趣，努力奮鬥。

那麼，父母應該如何做才能不扼殺孩子的興趣愛好，並幫助孩子發展興趣呢？

第 7 章　孩子不是為父母讀書，而是為自己

1. 發現孩子的興趣，並爲之創造條件

當父母發現孩子有了某些方面的興趣與愛好時，千萬不要以影響孩子的課業為由就一味地打擊與阻止，而應盡可能地為孩子創造發展興趣愛好的條件。這樣不僅可以激發出孩子的潛能，還能促使孩子為之努力並取得成功。

2. 尊重孩子的愛好和興趣，給予鼓勵和支持

孩子的興趣與愛好只要是健康正面的，父母就應該給予尊重、支持和鼓勵。而孩子只有在做自己喜歡的、感興趣的事情時，他的創造力與才能才會得到最大限度的發揮，才會更加專注、認真、持之以恆地做好一件事。

3. 理性地培養孩子的興趣，切不可盲目跟風

興趣是孩子獲取知識的最大動力，但每個人的喜好和興趣卻是不同的。父母應該理性地培養孩子的興趣，切不可盲目跟風，不能以社會上的流行趨勢來強迫孩子發展自己並不擅長或不喜歡的興趣，這樣只會造成孩子內心的不滿，從而產生厭學的情緒，而這對孩子的成長是非常不利的。

人的一生常常不停地追逐幸福，都想做世上最幸福的人。但是你知道嗎？最幸福的就是能將自己的興趣愛好發展

成自己一生事業的人。每天在幸福中發展事業,在事業中感受幸福,這才是人生的一大幸事。

　　所以,身為父母,要想讓孩子幸福快樂地生活,那麼及早發現孩子的興趣並加以培養是非常重要的。也只有尊重和支持孩子的興趣,你才能培養出一個有能力的孩子、幸福的孩子,這樣才不會違背你教育的初衷。

第 7 章　孩子不是為父母讀書，而是為自己

父母的理想，並不是孩子的未來

不管是以前還是現在，我們經常會聽到父母問孩子「你長大了想做什麼」，而孩子的答案卻有些令人啼笑皆非，「我不知道，媽媽說長大了要我當醫生，爸爸說長大了要我當律師」……其實，這麼小的孩子怎麼會知道自己未來想做什麼呢？他們所回答的無非是父母的理想而已。

許多父母在孩子剛出生時，就忙著為孩子列出學習計畫表，甚至明確指出什麼階段該學什麼，可謂是十分詳盡了。有些父母為了讓孩子能按照自己規劃的未來去發展，他們強迫孩子必須選擇自己所選的路，而忽視了孩子的理想與愛好。假如孩子反對，那麼父母就會全盤否定孩子之前所有的努力和成績。

在如今競爭激烈的社會環境下，許多父母都有「望子成龍，望女成鳳」的心態，他們迫切地希望孩子能成為自己理想中的樣子，本來這也是無可厚非的。可是，如果為了所謂的未來而對孩子施加太多的壓力，結果只會得不償失。

我們先來看一個案例。

從懂事起，小峰的爸爸媽媽就經常在他的耳邊說：「你一定要努力，一定要好好讀書，一定要考上清華。」於是，小峰一直在爸爸媽媽為他規劃的未來裡努力著。

> 父母的理想，並不是孩子的未來

終於，皇天不負苦心人，在小峰13歲的時候，他以全班第一的好成績考上了明星國中。小峰覺得自己沒有辜負爸爸媽媽的期望，他想在這個假期好好地犒賞自己，放鬆一下。

然而，正當小峰計劃著如何度過這個愉快的假期時，媽媽卻並沒有讓小峰有絲毫的喘息機會——媽媽帶回來了一大堆的資料，除了國中一年級的課本外，還有大量的課外參考書！媽媽發現小峰有些不高興，就非常嚴肅地對他說：「你不要以為考上明星國中就滿足了，現在只是一個開始，要想在全校同學中脫穎而出，你就不能打無準備的仗。」

小峰很著急地對媽媽說：「妳說的我都知道，可是，這個假期好歹也讓我……」還沒等小峰把話說完，媽媽就打斷了小峰的話，語重心長地說：「你想說什麼，我都知道，可是你一定要考上清華，所以你沒有時間停歇！你爸爸當年就是因為幾分之差而抱憾終身，現在只有你才能幫你爸爸彌補這個遺憾了。」

見小峰沒有再反對，媽媽接著說：「小峰啊，爸爸媽媽都是為了你好，只有你考上了清華，你以後的人生才會不一樣，到時候不管你做什麼，爸爸媽媽都不再干涉了，可是現在你不能有絲毫的鬆懈！」

聽完媽媽說的話，小峰看著堆成小山的資料，竟無言以對，他回到自己的房間，關上門，流下了傷心的眼淚……

其實，在現實生活中，像小峰這樣的父母數不勝數，他們把孩子當成了實現自己理想的工具，把所有未實現的遺憾

第 7 章　孩子不是為父母讀書，而是為自己

都寄託在了孩子的身上。他們從未問過孩子的想法，也從未考慮過孩子的興趣和愛好，總是固執地、一廂情願地下血本，鞭策孩子朝著自己的理想奮鬥，希望孩子有朝一日能出人頭地，彌補自己當年的遺憾。

當年，這些父母由於各種原因沒能實現自己的理想，他們也許自身天賦極佳，但因為家庭條件而不得不選擇放棄；他們也許身懷特長，但是由於沒有貴人的指點，而錯失了良機。因此，他們總想著讓孩子去實現自己未實現的理想，並強迫孩子按照自己規劃的道路前行。有人說，越是不得志的父母，就對孩子的期望越高；越是壯志未酬的父母，就越把希望寄託在孩子的身上，現在想想，也不無道理。

說實話，這些父母的心情是可以理解的，但是，父母的理想並不是孩子的未來。而實現理想是需要「天時地利人和」的，最重要的就是孩子對此是否有興趣。如果父母一味地將自己的理想和意願強加給孩子，那麼不僅會讓孩子失去獨立成長的空間，而且還會使孩子產生牴觸，從而影響孩子對學習、對生活的信心，甚至出現厭學、逃學的現象。

所以，父母不能為了一己私欲就讓孩子做自己的「接力棒」，讓孩子背負著自己的理想痛苦前行。所有人都有追求自己理想的權利，孩子也不例外，父母應該尊重孩子的理想和意願，讓孩子為自己的未來而奮鬥，而不是強人所難。

> 父母的理想，並不是孩子的未來

父母都希望孩子的興趣愛好與自己的理想一致，但是理想與現實總是會存在些許差異，如果孩子的意願與父母的理想背道而馳，那麼父母該如何抉擇？答案是顯而易見的——讓孩子在自己所愛的領域裡馳騁。

身為父母，請不要一直緬懷過去，而是要客觀地看待過往的事實，不要為了一時的遺憾強迫孩子，而是要用適當的方法，尊重孩子的選擇，鼓勵孩子擁有自己的理想，並引導孩子為實現理想而努力、奮鬥。

每個孩子都是一個獨立的個體，都應該擁有選擇的權利，孩子的未來應該掌握在自己的手中，而不是父母的手裡。有些父母聽到孩子說「我長大以後要當一名廚師，做好多好多好吃的」，就會萬分擔憂，認為當廚師沒有出息，然後試圖改變孩子的想法，甚至打擊孩子，制止孩子再說這樣的話。殊不知，這種做法是對孩子的一種傷害。

其實，在孩子小的時候，他們的那些理想並不是他們未來真正的理想，而是他們在日常生活中透過所接觸到的事物而確定的喜好。他們只是根據自己的喜好來判斷，透過模仿和學習來獲得成就感。那麼孩子日後的理想究竟會是什麼呢？當孩子樹立了健全、正確的世界觀、人生觀和價值觀後，自然會做出適合他們自己的決定，因此，在孩子還小的時候，父母並不需要急著知道孩子的理想到底是什麼。

第 7 章　孩子不是為父母讀書，而是為自己

　　俗話說：「花有五顏六色，人有七情六慾。」孩子也是，他們也會有自己的喜怒哀樂，如果父母一直強迫孩子做自己不喜歡的事，那麼他們只會備感煎熬。身為父母，不要讓自己成為孩子的前車之鑑，請多站在孩子的立場替他們考慮，不要為了自己所謂的理想就強行讓孩子按照你設定的軌跡生活，否則會造成孩子一輩子的陰影和遺憾！

別把遺憾轉嫁到孩子身上

在本節開始之前,想先問大家兩個問題:

終其一生,你是否有過一段遺憾的人生經歷?你是否正在把你當年的遺憾轉嫁給自己的孩子?

如果這兩個問題的答案都是肯定的話,那麼就請為人父母的你仔細閱讀一下本節所講的內容,它會幫助你轉變並糾正這種錯誤的教育觀念,並且還會讓你與孩子的關係變得更加親密與融洽。

生活中,有的父母太過於執著,總想把自己當年的遺憾寄託到孩子身上,希望能透過孩子來實現自己未曾完成的夢想。他們忽略了孩子的意願,沒有考慮過孩子的切身感受,不知道孩子的真正需求,當他們把自己當年的遺憾轉嫁到孩子身上時,還美其名曰「我這麼做都是為了你好」。可是,孩子也有自己鮮活的思想和情感,也有自己的興趣、志向和理想,你打著「為你好」的幌子去欺騙孩子,孩子就一定要心甘情願地接受嗎?當然不會,孩子在這種強制的壓迫下,內心必然是充滿抗拒的,這樣對他們來說不僅壓力大,更會覺得痛苦。孩子也會因此失去獨立自主的成長空間和自由意識,進而在這種矛盾下與父母爆發衝突。

先來看下面這個案例。

第 7 章　孩子不是為父母讀書，而是為自己

　　李麗的媽媽從小特別喜歡彈鋼琴，而她兒時的夢想就是長大後當一名著名的鋼琴家。無奈，小時候家中經濟條件不太好，所以她的夢想沒能如願以償。

　　對於當年未完成的這個遺憾，李麗媽媽一直心有不甘。於是，她把這個希望寄託在了自己的女兒身上，她想從小培養女兒學習鋼琴，以彌補自己內心的缺失。所以，當別的孩子還在父母的懷抱中撒嬌時，5 歲的李麗就已經開始被迫按著媽媽的意願去學習鋼琴了。每天放學後媽媽都會接她到鋼琴教室練習兩個小時，就連週末也經常是整天都在練鋼琴，媽媽把大部分的時間都放在了督促女兒練琴上。李麗每天的時間都被安排得滿滿的，基本上沒有多少空閒的、屬於自己的休息時間，她沒時間看卡通，更沒有時間去找小朋友玩。

　　長期的重擔壓得李麗有些透不過氣來，她曾多次試著去反抗媽媽，假裝肚子痛、手指關節痛，甚至故意亂彈把琴鍵弄壞，和媽媽歇斯底里地吵架。但是這些反抗都沒有用，不管李麗如何哭鬧，如何不情願，媽媽始終都不為所動。

　　最後，李麗只好默默地承受這一切。她一邊疲憊不堪地應付著媽媽的要求，一邊內心充滿著憤怒與不滿，在這種情況下，她的鋼琴水準自然沒有精進多少。以至於到了最後，不僅媽媽的鋼琴家夢想沒有實現，孩子也越來越沉默寡言了。

　　這個案例中，李麗的媽媽就是那種典型的為了彌補自己當年缺失的遺憾而犧牲了孩子自主選擇權的媽媽。生活中，

> 別把遺憾轉嫁到孩子身上

這樣的父母並不在少數。他們總是不斷地闖入孩子的生活，以愛之名去打擾孩子，把自己未能實現的夢想轉嫁到孩子身上，從而使孩子的童年因過早背負父母給予的重負，而喪失了很多的自由與快樂。可是，孩子也是一個獨立的個體，也有著自己的情感與理想，他有權利和自由享受自己的時光。他不是父母眼裡的錄音機，更不是可以用來隨意改造的機器。父母如果強行把自己當年未完成的夢想轉嫁給孩子，不僅彌補不了你的遺憾，反而還可能讓孩子的人生留下遺憾。

誠然，由於不同的時代和所處的環境差異，很多父母心中或多或少都有一些年少時的遺憾。例如，有的父母成績好，卻因經濟條件的原因而不得不放棄學業；有的父母在某些方面擁有極高的天賦，卻因生活所迫而得不到很好的訓練與指導。但「月有陰晴圓缺」，不是嗎？生活哪有那麼多十全十美呢？

身為父母，不應該太執著於過往，這樣不僅使自己痛苦，同時也讓孩子深受其害。那麼，對於自己身上的遺憾，父母在教育孩子的過程中，應該如何理性去對待呢？以下的建議，值得父母們去思考。

首先，不要憑藉一時的衝動，而忽略孩子的意願，更不能強迫孩子去接受自己的安排；其次，即使發現有能力或有機會實現自己當年的遺憾，父母也不能急功近利，應該選擇

第 7 章　孩子不是為父母讀書，而是為自己

一種科學而又合理的方法，去培養孩子的興趣與愛好。

正所謂「己所不欲，勿施於人」。父母要記住，孩子不是你的替身，你不能以自己的思路為孩子規劃和設計他未來發展的模式，讓孩子承載著你的遺憾替你負重前行。父母應改變自己錯誤的教育觀念，給孩子一些適當的成長空間，並以尊重為前提，在精神上給予支持與鼓勵，讓孩子為自己的夢想而勇於打拚，學做自己未來人生的規劃師。

與孩子一起規劃人生

人活一世，就靠兩樣東西支撐著自己的信念，一個是金錢，一個是夢想。可能很多人一聽，會覺得這樣說有些俗不可耐，但這是不容爭辯的事實。就拿夢想來說，一個人如果沒有夢想，整天渾渾噩噩，即使每天都在忙忙碌碌中度過，卻不知道自己真正需要什麼、為什麼而活，那麼這樣的人生又有何意義呢？

童年時期，幾乎所有的人都曾孕育過自己絢麗而多彩的夢想，比如長大後當醫生、當警察、去南極、當老闆、當設計師等。在教育孩子的過程中，父母要想提高孩子學習的積極性和主動性，就要試著對孩子的夢想多關注、多了解，並尊重孩子的想法與選擇。

孩子成功最重要的一步，就是讓他懷揣夢想，並且不斷地刺激他實現心中的夢想。因為，從一定程度上來說，夢想是激勵一個人不斷前進的動力，是一個人努力奮鬥的泉源，可以說成功與夢想是緊密相連的。

有位哲人說：「世界上一切的成功、一切的財富都始於一個意念！始於我們心中的夢想！」這也就是說，讓孩子成功其實很簡單：就是先讓孩子有夢想，然後努力經營自己的夢

第 7 章　孩子不是為父母讀書，而是為自己

想，朝著夢想勇敢前行，不管別人說什麼，都堅持到底、永不言棄。

下面先來看一個案例，或許你會從中得到啟發。

有這樣一個孩子，他從小在一個普通的鄉下家庭長大。因為家裡經濟不好，所以他很小就跟著父親務農。有次，做完農活在田間休息時，他凝望著遠處的山巒發呆。父親問他在想什麼，他說他在思考將來，希望自己長大後，不要種田，不用上班，每天待在家裡，就有人寄錢給他。

父親一聽，哈哈大笑著說：「荒唐，你還是別做白日夢了！我敢保證不會有人寄錢給你。」

後來這個孩子上學了。有一天，他從課本上知道了埃及金字塔的故事，於是就對父親說：「長大了我一定要去埃及看金字塔。」

父親一臉生氣地拍了一下兒子的肩膀說：「真是荒唐！你別總大白天做夢，說一些不切實際的話了。我保證你去不了。」

就這樣過了十幾年，當初在父親眼裡總愛做白日夢的孩子，由少年變成了青年，並考上了大學，且在畢業後當了記者，並每年都堅持出版幾本自己寫的書。而他每天的工作就是待在家裡寫作，出版社、報社不斷地往他家寄錢，他用這些寄來的錢去埃及旅行。站在埃及的金字塔下，他抬頭仰望，回想起小時候爸爸對自己說過的話，心裡默默地對父親說：「爸爸，人生沒有什麼能被保證！」

> 與孩子一起規劃人生

　　他,就是著名的散文家林清玄。小時候,他那些在父親看來十分荒唐可笑,甚至不可能完成的夢想,十幾年後都在他堅持不懈的努力下變成了現實。為了實現兒時的夢想,他十幾年如一日,每天清晨4點就起床開始看書和寫作,並每天堅持寫3,000字,一年100多萬字的創作量。而他經過自己的奮鬥與努力,最終實現了自己的夢想。

　　夢想,對很多人來說可能都是可望而不可及的,但其實只要肯堅持、肯努力,每個人的夢想都可能被實現。所以,父母不能把孩子成功與否的原因都歸根於智力,因為一個人的成功最主要的還是要靠後天的培養。為人父母,要想培養一個優秀成功的孩子,就要想盡一切辦法去激發孩子擁有一個夢想,為了夢想的實現而堅持努力奮鬥。

　　那麼父母應該怎樣做,才能有效激發和培養孩子的夢想呢?以下方法值得借鑑:

1. 幫助孩子確立目標

　　光有夢想是遠遠不夠的,因為夢想所包含的範圍太廣泛了,所以只有把夢想細分化、具體化,在實現夢想的過程中才會更加明確自己的目標並為之努力。所以,父母可以幫助孩子確立一個目標,然後鼓勵孩子勇敢去追逐自己的夢想。

2. 要培育孩子必備的成功素養

父母可以利用平時的空閒時間，多帶孩子去領略一下世界各地的風土人情，讓孩子從中感受不一樣的情懷，開闊視野，增加知識面，培養必備的成功素養與能力。

3. 鼓勵孩子少空談，積極行動

夢想重要，但唯有付諸行動，夢想才有可能變成現實。因為採取行動是學習一切知識和取得進步的關鍵。所以父母應多多鼓勵孩子，去勇敢追逐自己的夢想，這樣夢想才有可能被實現。

4. 教孩子學會積極主動

父母在平時的生活中，如果發現孩子對某些方面產生了一些特殊的愛好或興趣時，不妨教孩子學會積極主動地去爭取和學習。只有積極、主動、熱情地去對待自己的夢想，才有可能更好、更快地去實現自己的夢想。

5. 增強孩子的想像力

阿爾伯特‧愛因斯坦（Albert Einstein）曾經說過：「豐富的想像力有時比知識更重要，因為知識是有限的，而想像力概括著世界上的一切，推動著進步，並且是知識進化的泉

源。嚴格地說，想像力是科學研究中的實在因素。」所以日常生活中，父母可以充分鼓勵孩子去探尋生活的美好，去勇敢發揮自己的想像力。

6. 增強孩子的抗壓性

很多父母都擔心孩子在追逐夢想的道路上會遭受到打擊，會因為承受不住壓力而放棄或逃避。但是要想讓孩子得到真正的成長，歷經困難與挫折就是在所難免的。苦難是人生的一筆難得的財富，它可以磨練人的韌性、激發隱藏的潛能。父母在平時的生活中，應想辦法增加孩子的抗壓性，教孩子學會勇於面對失敗，這樣才能更好地幫助孩子從失敗的苦痛中走出來，繼續勇往直前完成自己的夢想。

第 7 章　孩子不是為父母讀書，而是為自己

第 8 章
限制孩子，
其實就是一種壓迫

　　為了讓孩子在成長的過程中少走彎路，父母總是依據自己的人生經驗為孩子制定各種規則，把孩子限制在固定的框架裡。然而，每個孩子都是獨立的個體，都有自己的思想和判斷，父母對孩子的限制和禁止，實際上是一種變相的壓迫，可能會阻礙孩子的健康成長。

　　每個孩子都有自己的個性，都是獨一無二的，明智的父母一定會懂得放下「權威」，將孩子從僵化的規則中釋放出來，給孩子自由成長的空間。

第 8 章　限制孩子，其實就是一種壓迫

打罵教育讓孩子軟弱

「棍棒底下出孝子」、「樹不修不成料，兒不打不成才」的教育理念傳承了數千年，現今仍是很多父母心中根深蒂固的教育觀念。大多數父母仍然認為只有打罵才能讓孩子服從自己，只有打罵才能幫助孩子改正他們的不良行為。雖說父母的打罵是出於對孩子的美好期待而進行的，但是這種肆意粗暴的教育方式已經不能適應現在的教育環境，不僅不能達到好的效果，反而會對孩子造成傷害。

不知道下面這個場景，大家會不會覺得很熟悉。

身為獨生子的王鑫，一直被家人寄予厚望，父母對王鑫的要求很嚴格。但是才三年級的王鑫正是喜歡玩的年紀，因此，學業成績總是達不到父母的期望，常常換來父母的責罵，有時還會挨上父母的拳頭。

一天傍晚，王鑫垂頭喪氣地回到家。剛進門，媽媽就盤問起來：「小鑫，今天你們老師在班級群組裡說，前幾天期中考試的成績已經公布了，你考得怎麼樣啊？」

王鑫因為考試前幾天晚上都玩得太晚，沒有複習好，所以考試分數很不理想。他磨磨蹭蹭地把試卷拿給媽媽看。媽媽看後瞬間心中冒火：「你看看你考的什麼分數？這麼差，天天就知道玩，不好好讀書！你看看隔壁的李潔，人家跟你同班，每次都是前三名，再看看你的成績，真是氣死我了，你

> 打罵教育讓孩子軟弱

怎麼這麼笨啊!」王鑫低著頭,默默地聽著媽媽的訓斥,不敢說一句話。媽媽看到他一副生無可戀的表情,越發生氣,上去隨手就推了王鑫一下,把他推倒在地。爸爸下班回家後,看到王鑫的考試分數,同樣狠狠地責罵了他一番。

在父母的打罵教育中,王鑫逐漸形成了軟弱的性格,在學校經常受到同學的欺負也不敢吭聲。

看到上面的情景,你是否也覺得似曾相識呢?父母打罵孩子的行為,在生活中比比皆是。孩子沒有聽從父母的安排、沒有達到父母的要求,常常會引來父母的打罵。

其實,父母之所以打罵孩子,常常是因為控制不了自己的情緒,或者受「打罵教育」的傳統觀念影響。但是父母卻忽視了打罵帶給孩子的心理陰影。有的孩子因為受到父母的頻繁打罵,變得非常畏懼父母,父母的命令,從來都只有服從,無論對錯。在這樣的打罵和屈服的環境中長大的孩子,是很容易變得膽小、軟弱的。案例中的王鑫就是如此。

在父母的頻繁打罵下,孩子還有可能出現另一種極端,那就是越軌。常常受到父母打罵的孩子,有可能會變得越來越叛逆,喜歡和父母唱反調,父母要求的事情,偏偏不做;父母越禁止的,孩子反而偏要嘗試。這些孩子因為有著強烈的反抗心理,即使被父母打罵,受到委屈時也會強忍著眼淚,咬著牙挨打,從不會向父母求饒,嚴重的還會對父母產生仇恨心理,做出越軌的舉動。

第 8 章　限制孩子，其實就是一種壓迫

可見，在家庭教育中，當孩子不服從時，粗暴的打罵方式是百害而無一利的。父母在教育孩子時，千萬不要採用這種畸形的教育方式，否則會後悔不已。明智的父母應該對孩子的不服從和錯處曉之以理、動之以情，耐心地勸服、引導孩子，不打不罵才能教育出優秀的孩子。

很多時候，打罵的教育方式是達不到預期的效果的，因此，當孩子出現問題時，身為父母，不妨冷靜下來，控制一下自己的情緒。等自己激動生氣的情緒穩定下來後，再教育孩子。

父母想要幫助孩子克服缺點、糾正錯處、分辨是非、明確努力方向，出發點本沒有錯，可是用錯了方法，不僅不能讓孩子知道什麼是對的、什麼是應該做的，反而會造成不良的後果，帶給孩子負面的情緒。所以，奉勸各位父母，在教育孩子時，請放下你手中的「棍棒」，做到有理、有力、有效、適度、適時地教育，這樣才能讓孩子信服，才能達到教育的目的。

給予孩子說「不」的權利

　　我們常常在生活中看到一些沒有主見、唯唯諾諾的孩子，這些孩子總是習慣依賴他人，到底是什麼原因讓他們變成這樣的呢？在回答這個問題之前，我們先來看這樣一個案例。

　　一個週末，瑩瑩跟媽媽一起去逛街買衣服。一家童裝店琳瑯滿目的漂亮衣服吸引了瑩瑩和媽媽。媽媽看中一件大紅色的連身裙，說：「瑩瑩，妳穿這件連身裙一定很好看，快去試試。」

　　但是，瑩瑩卻推開媽媽的手，因為她看中了一條吊帶褲，覺得穿吊帶褲才酷，紅色的連身裙很土。但是媽媽不同意，對她說：「買這件連身裙吧，妳穿起來才像公主！」

　　「不，我就要那條吊帶褲。」瑩瑩堅持自己的原則。

　　媽媽認為上學時穿吊帶褲不雅觀也不方便，極力勸瑩瑩改變主意：「瑩瑩，妳要聽話，我們不買吊帶褲，買這條連身裙，連身裙穿起來更好看。」媽媽手裡拿著那條連身裙，準備幫瑩瑩換上。瑩瑩也不依不饒，就是不換。

　　在雙方僵持不下的情況下，媽媽不得不使用家長的權威，說瑩瑩不聽話，然後強行替瑩瑩換上了那條連身裙，並語氣強硬地說：「我是大人，比妳更知道穿什麼衣服才漂亮，聽媽媽的話肯定沒錯。」於是瑩瑩屈服了。

第 8 章　限制孩子，其實就是一種壓迫

這樣的場景常常在瑩瑩和媽媽之間發生，媽媽總是不允許瑩瑩跟自己說「不」，久而久之，瑩瑩變得沒有主見，事事都要問媽媽，依賴媽媽。

看到這裡，不知道身為父母的你是否覺得這對母女的相處場景似曾相識呢？沒錯，在日常生活中，很多父母也跟瑩瑩的媽媽一樣，盲目地替孩子做主，不給孩子說「不」的權利。孩子正在很投入地畫畫時，父母制止孩子，讓他去做作業，一旦孩子回答說「不」，父母就直接沒收孩子的畫筆；孩子正在興致勃勃地研究自己的新玩具時，父母讓他放下玩具，洗手吃飯，孩子頭也不抬地回答「不」，父母便一把奪下他的玩具，拉著孩子去洗手⋯⋯類似的情形時常在生活中發生。

大多數父母盲目地認定聽話的孩子才是好孩子；孩子聽自己的話，不反駁自己，才是成功的教育。殊不知，不給孩子說「不」的權利，其實就是一種粗暴的教育方式，這種方式是不可取的，也不是家庭教育成功的表現。

曾經看過這樣一則報導：四個中學女生一起離家出走，父母心急如焚，最終在一個星期後，在警察的幫助下找到了她們。她們離家出走的原因很簡單，因為父母總是武斷地替她們做決定，從不允許她們說「不」。

可見，父母對孩子的獨斷專行帶來的後果多麼嚴重。要知道，盲目地要求孩子聽從父母的話，不給孩子說「不」的權

給予孩子說「不」的權利

利,其實是在傷害孩子,而並非愛。不讓孩子說「不」,久而久之,孩子就會形成依賴心理,懶於獨立思考,進而變得沒有主見、唯唯諾諾,同時也喪失了鍛鍊自我創造力的機會。

每個孩子都是獨立的存在,都有自己的思想和判斷,只有給他們說「不」的權利,他們才能發展獨立自主的個性,才能有健全的人格。而給予孩子說「不」的權利,也能增進和諧的親子關係,有利於家庭溝通的良性發展,一舉兩得,何樂而不為呢?不過需要注意的是,允許孩子說「不」也要有個合理的範圍。

要做明智的父母,就要學會放下父母的權威,適當給予孩子說「不」的權利,接納孩子的不同意見和想法,傾聽孩子的選擇,尊重孩子的決定,讓孩子有自己的成長空間,這樣才是孩子應該擁有的成長軌跡。身為父母,應該慶幸孩子會說「不」,因為這表示他們已經長大,已經開始有了自己獨立的思想和見解。其實,父母不妨換位思考一下,當你在對孩子說「不」時,孩子必須接受,但是卻不允許孩子說「不」,這種「只許州官放火,不許百姓點燈」的做法,對於孩子來說是否不太公平呢?人都有犯錯或說錯的時候,即使父母已經是成人,但也並非總是對的,孩子雖然小,但也會有比成人更有道理的想法。身為父母,為什麼不能反省一下自己,相信一下孩子呢?

第 8 章　限制孩子,其實就是一種壓迫

孩子說「不」,並不是因為不聽話或不愛自己的父母。很多時候,孩子的「不」並非僅僅是因為貪玩的天性,而是在孩子的世界裡,他們有自己的想法和理由。為人父母,為什麼不能在他們說「不」的時候,以平等的身分給孩子解釋的機會呢?或許當他們說完自己的理由,你就不會認為他們在挑戰你的權威,反而會認同他們的「不」。

給孩子說「不」的權利,或許對於父母來說只是舉手之勞,但是卻是孩子鍛鍊獨立自主思考能力和創造力的機會。所以,各位父母,請放下你們的權威,放下長者的架子,以朋友的身分,真正聆聽他們的心聲,傾聽他們說「不」吧!

有時不用那麼「聽話」

聽話，幾乎是所有父母對孩子的要求，同時也是長輩給予孩子最高的評價與讚賞。生活中，很多父母無時無刻不要求自己的孩子聽話：在家聽父母長輩的話，在學校聽老師的話，在公司聽主管的話。因為在他們的傳統觀念中，乖乖聽話才是一個好孩子應具備的品格，才是一個孝順的孩子。但其實這種教育觀念大錯特錯，太聽話的孩子，身上反而具備一種很沒用的品格。

傳統道德文化常常教育孩子要聽父母的話。小時候，因為孩子缺乏對這個世界的了解與認知，所以聽父母的話也無可厚非。但隨著年齡的逐漸增長和知識閱歷的累積，孩子開始有了自己的思想與認知，有了自己的喜好與生活圈子，父母若還一味地要求孩子聽話，那就大錯特錯了。因為此時的聽話就像孫悟空的緊箍咒一樣，不僅會讓孩子頭痛欲裂，甚至還會束縛孩子的發展，造成孩子心理上的陰影與性格上的缺陷。

在「要聽話」的思想教育下長大的孩子，他們不懂得如何反抗與拒絕別人，缺乏主見、沒有自我；他們習慣於為了獲得聽話的美譽而去違心地討好別人，善於隱藏自己內心真實的情感；他們外表膽小，內心怯懦，不敢隨意發表自己的觀

第8章 限制孩子，其實就是一種壓迫

點與看法，即使有不同意見，他們也不會為自己去爭辯，而選擇默默地承受一切。這樣的他們很難活出自我。

下面這個案例或許可以給你一些啟發。

5歲的沐沐今年上幼兒園大班，在老師、父母的眼裡，她是一個特別乖巧聽話的孩子。有一次，老師指派了一項家庭作業，內容是與父母一起用色紙摺8隻千紙鶴。

回到家以後，沐沐看到媽媽在廚房忙著做飯，爸爸在電腦前工作，擔心打擾到他們，所以，沐沐沒有主動提起作業的事。後來吃飯時，沐沐好幾次都曾鼓起勇氣想說出來，可是話到嘴邊還沒出口，就被父母其他的問題打斷了。就這樣，一直磨磨蹭蹭到了晚上該睡覺的時間，她卻一反常態不肯回自己房間。

正為工作上的事情煩惱不已的爸爸見女兒這麼晚還不去睡覺，於是就不耐煩地喝斥了幾句。這下可不得了，聽到爸爸的責罵，沐沐委屈地哭了起來：「我的作業還沒有完成，老師說要你們幫我一起摺千紙鶴。」聽到女兒的回答，爸爸愣了一下，看了看時間說：「妳這孩子怎麼不早點說呢，現在這麼晚了，哪裡還有賣色紙的？這件事明天再說吧。」

最後，直到媽媽答應，第二天親自向老師解釋這件事情時，沐沐才安心地去睡覺。

沒想到，第二天早上媽媽公司臨時有事，所以把沐沐送到幼兒園門口後，就急匆匆地離開了，忘記了前一天晚上答應沐沐要向老師解釋的事情了。上午9點不到，媽媽便接到

> 有時不用那麼「聽話」

了幼兒園老師的電話,問沐沐今天怎麼還沒去學校。感到事情不妙的媽媽於是趕緊請假趕往幼兒園去找沐沐。最後在離校門口不遠處的一個花圃邊發現了哭得跟小花貓似的沐沐。原來,沒有完成作業的她,擔心受到老師的責罵,所以不敢進去……

其實,沐沐原來並不是這樣的。在三、四歲的時候她非常聰明好動,遇事也喜歡打破砂鍋問到底。但每次淘氣的她參與大人的爭辯時,父母就會責罵她不懂事、不聽話。慢慢地,在父母的嚴厲管束下,活潑好動的沐沐變得越來越乖巧、越來越聽話了。可是,聽話的背後,孩子的性格卻發生了變化:遇事缺乏主見、唯唯諾諾,而且膽小怕事。

華人父母往往都以擁有一個聽話的孩子為驕傲。但實際上,太過於聽話的孩子,就會像案例中的沐沐一樣,有問題不敢提、有想法不敢說。因為,他們心裡已經為自己下了一種定義:即自己要做個不讓父母操心、聽話的好孩子。有心理專家曾做過一項問卷調查,結果發現,在被看作是「聽話」的孩子中,自述不愛提問題的占38.8%,膽小的占34.3%,對創造發明不感興趣的占27.5%。聽話的孩子,一般來說,會缺乏創造性、冒險性和自我決斷能力,而這些與生俱來的天性一旦被輕易抹殺,就會造成孩子日後在面臨生活的磨難與挫折時,出現憂鬱、焦慮、精神分裂等一些心理方面的問題,甚至茫然不知所措。

第 8 章　限制孩子，其實就是一種壓迫

每個孩子都是獨一無二的個體，他們成長中的酸甜苦辣都必須由他們自己去嘗試，任何人都無法替代。正所謂「如人飲水，冷暖自知」，孩子的人生是他們自己的，需要由他們自己來決定，父母只需要做好正確的引導就好。

美國前總統理查‧尼克森（Richard Nixon）在《領袖們》（Leaders）一書中提到，華人的教育制度可以為學齡孩子提供很好的教育，但卻為此而失去了東方的愛因斯坦和達爾文。因為華人的教育制度從小就教導孩子要聽大人的話，不允許孩子有稀奇古怪的想法或獨立的見解，更不能有愛因斯坦那種「離經叛道」的行為出現，這種教育模式下只能培養出守業型的人才。很多父母常常認為自己的經驗與想法可以有效避免孩子受到傷害、承擔風險，但他們卻忽略了最重要的一點，那就是不管是康莊大道還是獨木小橋，孩子的路都需要他們自己走下去。

法國作家羅曼‧羅蘭（Romain Rolland）說：「一個人只能為別人引路，不能替代他們走路。」

所以，父母若真心愛護自己的孩子，那麼就試著做好孩子人生的引路人，做好孩子成長路上的燈塔吧！告訴孩子一個正確的原則與標準，讓孩子在這個原則與標準下，合理掌握對事物的判斷能力與明辨是非的觀念，自由發展，做一個獨立自主與堅強勇敢的人，千萬不要讓你的思想禁錮了孩子的發展。

允許孩子「不聽話」，培養創造性思維

在生活中，我們經常會聽到一些父母抱怨自己的孩子：「真是太不聽話了，一點都不讓人放心。」可以說，幾乎所有的父母都希望孩子能對自己百依百順，甚至唯命是從，認為只有這樣的孩子才稱得上「乖孩子」。

可是，孩子也是人，他們不是機器，即使再小的孩子，他們也有自己獨立的人格和獨立的思考方式，他們的行為是由自己的思想決定的，而不是由父母的命令決定的。假如父母一味地干涉孩子的想法，就會抑制孩子創造性思維的發展。根據美國明尼蘇達大學心理學專家研究顯示，創造性思維活躍的孩子往往更「討人嫌」，因為他們放蕩不羈、頑皮淘氣、越矩行事，可是他們處事不固執，思維活躍。所以，從另一個方面來說，調皮搗蛋「不聽話」的孩子，比「乖孩子」更聰明。因為那些看似調皮搗蛋的行為可以使孩子的大腦得到更多的刺激，換言之，孩子可以在調皮搗蛋中激發創造性思維。

因此，父母可以適當地允許孩子不接受自己的命令，讓他們用自己的思考方式去自由發揮，這樣才有助於孩子創造性思維的發展。

大多數華人父母都喜歡老實、聽話、規矩的孩子，認為孩子就應該無條件地聽從父母的命令，絕不容忍孩子有自己

第 8 章　限制孩子，其實就是一種壓迫

的想法。因此，不少父母都喜歡限制孩子的想法，把孩子管得死死的。但父母不知道的是，如果一個孩子習慣於接受父母的命令，什麼事都是父母說了算，那就說明這個孩子沒有自己獨立的思想，就更談不上有創造性思維了。

那麼，父母要怎樣做，才能既讓孩子聽話又保護孩子的創造力呢？

首先，要讓孩子懂得最起碼的禮貌與尊重，整天打架、滿口髒話是絕對不行的。在思想上，不要用聽話來限制孩子，要鼓勵孩子擁有自己的思想，激發孩子天馬行空的想像力。

其次，當孩子還小的時候，父母可以讓孩子以聽話為主，目的是培養孩子的良好習慣，當孩子漸漸長大時，父母就要轉變思想，不要執著於孩子是否完全接受你的命令，而是要把握好分寸，讓孩子用自己的思考模式去生活。

如果父母希望孩子能擁有自己獨立的思想和非凡的創造力，那麼就不要再強迫孩子完全接受自己的命令了，否則只會適得其反。

我們先來看一個案例。

幼兒園的老師讓每個孩子都畫出自己心中的蘋果，結果絕大多數的孩子畫的蘋果都是紅色和綠色的，只有一個孩子畫的蘋果是藍色的。但是老師並沒有當眾責備他，指責他畫

有時不用那麼「聽話」

的不正確,而是溫柔地看著他,對他說:「你的蘋果畫得很不錯哦!」孩子聽到老師的評價非常高興。

這時,有人對老師說:「蘋果明明是紅色的,要不然就是綠色的,哪來的藍色蘋果,這明顯就是畫錯了。」

可是老師卻說:「我並不認為他畫錯了,這說明他很有想像力,不局限於固定思維是好事,也許他以後真的可以培育出藍色的蘋果也不一定呢!」

案例中,老師允許孩子畫藍色的蘋果,其實是保護了孩子的想像力。孩子依自己獨特的視角,能發現與別人不一樣的世界,這就是創造性思維。假如父母一直用自己的思考方式來要求孩子、命令孩子,那麼孩子的想像力和創造力就會在粗暴的干涉中被扼殺。因此,父母應該允許孩子「不聽話」,多激發孩子的創造性思維,保護孩子的想像力和創造性。

一般情況下,不願意接受命令的孩子,就是勇於發表不同的意見、勇於挑戰、勇於創新的人。而一切創新都是從「敢」開始的,因此在創造性思維中,敢想、敢說、敢做很重要。要知道「聽話是優點,太聽話是缺點」,雖然孩子乖一點更討人喜歡,但是往往越乖的孩子越沒有主見。所以,父母不要一味地強求孩子接受你的命令,而是要對孩子做到「管而不死,活而不亂」。

創造也是需要時間和空間的,假如孩子一直都活在父母

227

第 8 章　限制孩子，其實就是一種壓迫

的命令中，那他怎麼有機會去創造呢？所以，請多留一點時間和空間給孩子，讓他們有機會去「淘氣」、有精力去「折騰」。從另一個角度來說，不接受命令、「不聽話」的孩子其實是更獨立、更自信、更堅強的人。因此，父母要正確地看待孩子不接受命令的行為，適當地尊重孩子的想法，為孩子保留好奇心和想像力。

習慣接受命令的孩子，一直生活在父母所謂的「聽話」中，他們沒有獨立的思想，更沒有獨立的人格，從小養成了順從、聽話的習慣。即使步入社會後，也會因為習慣接受他人的命令而喪失自己的尊嚴和自信。最嚴重的是，因為從小習慣性地接受父母的命令，他們的創造性思維早就被扼殺了，而在這個日新月異、快速發展的社會裡，沒有創新就沒有發展、沒有創新就沒有前途，那麼順從和聽話毀掉的就不僅僅是孩子的創造性了。

因此，別為了讓孩子接受你的命令，就毀了孩子的創造性，而應該允許孩子「不聽話」，充分激發孩子的創造性。

不要過度限制孩子，應該鼓勵他們去玩

孩子貪玩是一個令許多父母感到頭痛的問題。可是，你知道嗎？玩是孩子的天性，是他們對這個世界感到好奇的一種行為表現。父母可千萬不要把孩子愛玩當作是不務正業來對待，因為很多孩子都是邊玩邊學，從玩耍中學到知識，加深對客觀世界的認知的。

根據哈佛大學著名兒童心理學專家組的一項調查報告顯示，小時候比較貪玩，並且玩得瘋的孩子，他們的智力要比那些循規蹈矩、沒有機會自由玩耍的孩子高出許多，而且在解決問題的能力上也更出色、更優秀。

但是，有很多家庭和學校都是不提倡、不鼓勵孩子玩的。很多父母在教育孩子時，喜歡設定一些規則，把孩子限制在框框裡，用自己的意願與規則去框住孩子，並且錯誤地認為這樣就是為了孩子好。但其實，過分限制孩子的玩耍，就是在限制孩子未來的發展。所以，醒醒吧，父母們！不要把你們的孩子限定在你們規定的「框架」裡，「縱容」你們的孩子盡情地玩耍吧，也許這樣你們會培養出一個「好玩」的、聰明的孩子！

下面的故事或許可以給大家一些啟示。

第 8 章　限制孩子，其實就是一種壓迫

有一個從小特別貪玩的孩子。當別的孩子放學後都在家裡認認真真寫作業時，他卻一刻也不得閒地拿著自製的捕蟲器到草叢裡抓蟲子、捕蝴蝶，或是把家裡好好的玩具、電器胡亂拆卸一番，甚至有時候為了玩，他連老師指派的作業都不做。

對於兒子的貪玩行為，父母十分惱怒，多次沒收他的玩耍工具。即便這樣，仍然阻止不了貪玩的兒子，因為喜歡搞發明創造的他總是有很多的鬼點子，會自製各式各樣的工具。學校老師也說他夠聰明，只是聰明沒有用在課業上，所以導致成績平平。為此，父母很是著急，卻又不知道該如何教育才能讓兒子收收心，把貪玩的那股聰明用在課業上。

小學畢業，這個小孩升上了國中，成績依然還是中等。但是，他並沒有為此而改變自己愛玩的個性，還是像小時候那樣一邊玩一邊研究著不同的發明製作。慢慢地，隨著年齡的增加，他的經驗越來越豐富，發明製作也越來越成熟，經常代表學校參加一些賽事。國二那一年，在老師的指導下，由他設計的航空模型還獲得了全國大獎……

教育學家認為，對於孩子來說，玩即是學習，遊戲也是學習，學習的本身還是學習。所以在生活中，人們很難找到一個不喜歡玩的孩子！而父母之所以害怕孩子玩，其實是怕孩子玩得太瘋、太出格，以至於不受他們的掌控了，所以父母便因此而限制孩子去玩，但這樣做，實際卻是扼殺了孩子的未來。

> 不要過度限制孩子，應該鼓勵他們去玩

知名企業家曾發表了這樣一番「語出驚人」的言論，他說：「未來三十年是最佳的超車時代，是重新定義的變革時代⋯⋯如果我們繼續以前的教學方法，對我們的孩子進行記、背、算這些東西，不讓孩子去體驗，不讓他們去嘗試琴棋書畫，我可以保證三十年後孩子們會找不到工作。因為（他們）沒有辦法競爭過這個時代。」聽到這樣的一番話，為人父母的你，內心有沒有一種很複雜的感覺呢？

現實生活中，很多父母雖然給了孩子物質上的生活與享受，可是同時也剝奪了孩子們玩的自由，不停地替孩子報名補習班、讓孩子參加技能培訓，導致他們活在山一般的壓力下透不過氣來。但是這樣剝奪孩子玩耍的自由，讓孩子一味地學習，真的就能讓孩子取得成功嗎？當然不，就像那位企業家說的，如果你再堅持以前的教育方式而不做出改變的話，如果你不讓孩子去體驗、去玩，那麼你的孩子就會變成一個整天無所事事、對未來生活感到迷茫的人。

龍應台曾說：「上一百堂美學的課，不如讓孩子自己在大自然裡行走一天；教一百個鐘點的建築設計，不如讓學生去接觸幾個古老的城市；講一百次文學寫作的技巧，不如讓寫作者在市場裡頭弄髒自己的褲腳。」真正懂得玩的人、會玩的人，他們都是在玩的過程中加深了對這個世界的了解和認知。孩子也是，只有在玩的過程中，親身經歷了、體驗了、實踐了，他們才能更好地認知事物的本質與內在。

第 8 章　限制孩子，其實就是一種壓迫

　　生活中，那些真正懂得玩的人，他們會把工作與生活有效地結合起來，所以他們的工作是有趣的、有創造力的，並且是充滿快樂的。相反，那些不愛玩、不懂玩的人，他們的內心會覺得生活是枯燥乏味的、人生是了無生趣的，並因而缺乏創造力。

　　那麼，為了更好地幫助與鼓勵孩子去玩，父母應該如何去做呢？

1. 觀察孩子的喜好

　　對於貪玩的孩子，父母平時應該細心觀察並留意孩子的舉動，看孩子愛玩什麼、怎麼玩……並認真分析這樣的玩法對孩子的身心健康是否有益、對生活的其他方面存在的利與弊，千萬不要不分青紅皂白就橫加干涉或胡亂指責貪玩的孩子。

2. 引導孩子去玩

　　一般來說，愛玩的孩子興趣愛好都是十分廣泛的，但同時他們玩的時候也會過於認真，不能自制。所以聰明的父母要做的不是想辦法去限制孩子玩，而是合理而正確地引導孩子，把孩子玩的愛好往特長、興趣等有益於孩子學習的方面去引導。

> 不要過度限制孩子，應該鼓勵他們去玩

3. 幫孩子合理安排玩的時間

　　愛玩的孩子，玩起來會投入過多的精力與時間，不加以節制而造成貪玩。若想改變孩子貪玩的現象，父母應該幫孩子合理安排玩的時間，並教會孩子「玩什麼」、「怎麼玩」和「什麼時間玩」，使孩子能夠在玩中受益。

　　這樣，孩子在玩的過程中不僅能有效開闊自己的眼界，同時也能增加自己的知識面。所以，父母應當鼓勵孩子開心快樂地去玩，千萬不要把孩子的一舉一動都限制在框框裡。

　　孩子的成長是一個社會化的過程，他們在社會中所需的發展技能都源於生活的各方面。所以父母若想把孩子培養得更優秀、更出色，就不要把孩子限制在框框裡，而應該放開孩子的手腳，鼓勵他們去玩，讓孩子在玩中學、玩中做，你會發現孩子的人生同樣精采與出色！

第 8 章　限制孩子，其實就是一種壓迫

給予孩子釋放天性的機會，他會更快樂

　　西方國家流行的一種教育方式是：「最好的幼兒教育就是維護並釋放孩子自然的天性。」孩子天生喜歡自由，他們渴望在自由的環境中盡情地釋放自己。所以，父母不妨參照西方國家的教育方式，給孩子一些釋放天性的機會，讓孩子在一個輕鬆愉悅的環境裡展現自己最真實的性情，促進孩子的健康成長和個性發展。

　　給孩子一些釋放天性的機會，獨處或靜思、交友聊天、玩伴嬉戲、遊玩賞景、自由漫步……不管孩子做什麼，都讓他們自己去嘗試。也許有些父母會覺得孩子做這些是浪費時間，事實上，孩子在做這些的時候，可以自由發揮，可以透過自主安排來了解、感知這個世界，而這些都能夠更好地促進孩子的身心發展、提高他們自身的各種素養與能力。

　　所以，父母不必過於憂慮與擔心，你要明白這樣一個道理，給孩子釋放天性的機會，讓孩子自由成長、盡情展示自己，讓孩子做他們想做的事情，這樣對他們的成長和學習才是最有利的。

　　我們先來看下面這個案例。

　　陳小玉的兒子今年 10 歲了，上小學四年級。最近一段時間，他和同班的一個男同學關係特別要好。常同進同出，一

> 給予孩子釋放天性的機會，他會更快樂

起上下學，晚上都還要聚在一起寫作業。那個男同學膽子特別大，經常晚上一個人跑到陳小玉家和她兒子一起邊玩邊做作業，很晚才回去。

最初，陳小玉對這個男同學的舉動感到很奇怪，因為在她的觀念裡，孩子私自到別人家玩不僅會讓家人擔心，晚上回去也會不安全。可是那個孩子卻告訴陳小玉，他的父母並不反對他這樣做。而且陳小玉也親耳聽到對方的父母說同意，他們並沒有長篇大論地叨嘮孩子，只是簡單地叮囑孩子晚上回家要注意安全之類的話。但陳小玉卻心想，這要是自己肯定會不放心，畢竟兩家的距離有10分鐘的路程，途中還要過馬路，而馬路上車多人多，其實是很不安全的。

對於孩子們一起寫作業，陳小玉最初也有些擔心。但是經過觀察，她發現兒子他們並沒有做什麼特別淘氣的事情，只是邊聊天邊寫作業，並且遇到難題時兩個人還會一起討論。每次也都是作業寫完了，認真檢查後才開始玩遊戲。所以，她也就放下心來了。

但自從陳小玉的兒子與那位男同學成為好朋友之後，他便經常向陳小玉爭取自由支配時間的權利，要求在完成作業後也能獨自去同學家玩。看著兒子最近的行為舉止都還不錯，於是陳小玉准許了兒子的請求，但是她規定晚上9點之前必須準時回家。結果一連幾天，到了約定的時間，兒子不需要任何提醒就非常自覺地回家了。

看到兒子的這些變化，陳小玉不禁喜上眉梢。因為她知道雖然兒子的「玩性」變大了，但是他的成績卻絲毫沒下降，

第 8 章　限制孩子，其實就是一種壓迫

甚至在期中考試時，還出人意料地進了班級前 10 名。不僅成績進步了，兒子臉上的笑容也多了，而這一切的變化都是兒子在玩的過程中逐漸演變而來的。

有一位哲人說：「不要壓抑了孩子的天性，世界上最有價值的財富就蘊含在孩子的天性中。」所以，父母在孩子成長的過程中，除了督促孩子讀書外，也別忽略了給予孩子自由支配的時間，讓孩子擁有充分釋放自己天性的機會。只有讓孩子自由自在地到生活中去體驗、在遊戲中去感受，孩子才能真正發現生活中的樂趣，才能健康快樂地自然成長。

孩子的天性需要得到盡情地釋放，而非束縛。如果法布爾小時候趴在地上研究、觀察小動物時，他的媽媽一味地束縛他，不給予他釋放天性的機會，那麼法布爾還能寫出著名的《昆蟲記》(Fabre's Book of Insects) 嗎？答案當然是否定的。因為那樣的話孩子的天性和靈氣早已在家長的強制束縛下，被硬生生地抹殺了。

在孩子漫長的受教育過程中，學習的內容會逐漸由少變多，由易變難，形式單調而內容枯燥的讀書方式很容易使孩子產生疲勞和厭倦。倘若這時，父母能結合孩子的課業，適當地給予他們自由活動的時間與釋放天性的機會，那麼對緩解孩子讀書的壓力無疑是非常有幫助的。自由釋放天性的時間與機會，可以說從一定程度上還原了孩子童年的快樂、幻想和自由。教育專家認為：「童年的快樂是一生快樂的源頭，

> 給予孩子釋放天性的機會,他會更快樂

童年的不幸是一生不幸的開端。一個人如果失去了快樂的童年,將來是無法彌補的。」

有心理學研究顯示,孩子只有在父母視線之外的過程中自由活動,釋放自己的天性,才有可能更好地激發出自己的積極性,努力發展自己的興趣與愛好,並在此過程中學會思考、學會生活,提高自己的適應能力與合作、協調能力。

所以,身為父母,應該給予孩子獨立的自由和釋放自我的機會,讓孩子更快樂、更有效率地去學習和玩耍,不威逼利誘、不干涉指責,讓孩子玩中有學、學中有玩,充分釋放自己的天性,快快樂樂地成長。

第 8 章　限制孩子，其實就是一種壓迫

第 9 章
接納不完美 ──
過多期待會毀掉孩子的自我認同

這世上沒有十全十美的小孩,每一個孩子都有自己的優缺點。學會接納孩子的不完美,細心發現孩子的優點,積極地引導孩子將自己的優勢充分發揮出來,鼓勵並肯定孩子,讓孩子擁有強烈的自我認同感,在不知不覺中成長為更好的自己,這是每一位父母在養育孩子的路上的必修課。要明白,一味地要求和強迫孩子成為自己理想中的完美小孩,不僅達不到教育的目的,反而會毀掉孩子。

第 9 章 接納不完美—過多期待會毀掉孩子的自我認同

尊重孩子的天性與長項

在當今社會，人們往往更喜歡與外向的人打交道。因為人們普遍認為，外向的人更能言善辯，更善於交際，在社會交往中更占優勢，能獲得更多的資源與機會。但是，這或許只是人們一廂情願的看法。心理學家研究發現，世界上有1／3到1／2的人是內向性格，而且，人的性格天生就有外向、內向之別，但是並無優劣之分，內向外向，都有自己的優勢。

在人們的傳統觀念裡，外向的性格優於內向。事實並非如此。美國某家機構曾做過一項針對社會菁英的調查研究，結果發現，內向性格的菁英人才是外向性格菁英人才的3倍，IQ越高的人，內向型的傾向就越強烈。

而且，調查結果還發現，70%的佼佼者都是內向性格：「股神」華倫‧巴菲特（Warren Buffett）在童年時期是一個性格內向的孩子，他常常可以很安靜地盯著他喜歡的東西一兩個小時，完全不受外界的任何打擾；微軟教父比爾蓋茲（Bill Gates）在學生時代同樣也很內向，他總是一個人獨處，不喜歡與人交流。

有人說，如果這個世界沒有內向的人，就不會有進化論和萬有引力，就不會有《哈利波特》（*Harry Potter*）和《史努

尊重孩子的天性與長項

比》（Snoopy），更不會有〈我有一個夢想〉（I Have a Dream）的經典演講和〈格爾尼卡〉（Guernica）的傳奇。所以，內向從不是一個人的劣勢，它是大自然給予的一個禮物。那些說外向的孩子更有出息、更能出人頭地的人，通常都是帶著誤解或者偏見。

每個孩子都有自己的性格特徵，不管外向或內向，它們都各具優勢，不能武斷地評判哪種性格更好。內向型和外向型的孩子都有其固有的天性，父母要善於發現孩子的優勢，並尊重孩子的天性，鼓勵和培養孩子在某些方面的興趣愛好，讓孩子在自己擅長的領域內展現出自己的才華，這樣才能讓孩子更加自信。

說到這裡，我們先來看一下下面這個案例中的麗麗媽媽是怎麼做的。

麗麗是個性格外向大大咧咧的女孩，她天生是個熱心腸，樂於助人，所以身邊的朋友很多。因為性格外向，心直口快，所以她不善於隱藏自己的情緒，但是這樣的個性反而使她和朋友間的感情更加親密無間，朋友們都覺得和她相處是一件很輕鬆愉悅的事。

可是，麗麗的媽媽卻不這樣認為。她一直覺得女孩子性格外向、心無城府，以後容易遭到別人的利用與欺騙。所以每次當麗麗積極主動參加學校活動時，媽媽就不停地打擊她說：「妳這麼喜歡出風頭，遲早有一天會栽跟頭的，而且一個

第 9 章　接納不完美—過多期待會毀掉孩子的自我認同

有理想、有抱負的孩子,是不會把這些當作一種成就的。」

對於女兒的外向性格,媽媽一直持反對意見。於是當麗麗提出想去學跳舞時,媽媽卻強迫她去學書法,想讓麗麗在學書法的過程中靜下心來沉澱一下自己的心情;後來麗麗又想去學唱歌,但媽媽不顧她的意願又替她報名了美術班,覺得這樣可以讓麗麗擁有藝術家的氣質,讓麗麗變得更穩重端莊一些。

但是,在媽媽的干涉下,麗麗的性格不僅沒有變得內向沉穩,反而越發叛逆了。她背著媽媽私自把才藝班的課程退了,重新選擇了自己喜歡的課程,並且在家裡,她不再主動幫媽媽做家務了,還常常頂撞媽媽。

這樣的場景,生活中是不是經常可見呢?很多父母片面地認為孩子的性格內向或外向不好,於是就強制干涉,希望孩子能在自己的培養下變得內外兼修、剛柔並濟。表面上看,這都是為了孩子好,但實際上「強扭的瓜不甜」,這樣做只會扭曲孩子的天性,不但發揮不了良好的教育效果,反而還會和孩子之間產生衝突與矛盾。

瑞士心理學家卡爾・榮格(Carl Jung)將孩子的性格分為內向型和外向型。他認為性格內向的人,重視主觀世界,內心世界豐富多彩,沉著安靜,處事謹慎且深思熟慮,不會輕易向外界表達自己的喜怒哀樂,不善於交際,在社交場合容易害羞,善於思考但是視野狹窄;性格外向的人,重視外在

> 尊重孩子的天性與長項

世界,開朗活潑,自由奔放,做事不拘小節,靈活性強,但是做事缺乏計畫性和持之以恆的堅持,不願深入思考。也就是說,每種性格都各有優劣。

所以,為人父母真的不用太過於擔心,只要你能善於發掘並尊重孩子的天性,根據孩子獨特的、與生俱來的性格特點來精心培養,那麼不管內向或外向,孩子都會擁有自己的長項。

需要注意的是,尊重孩子的天性,也並不意味著父母就完全可以對孩子不管不顧,讓孩子自己做主,自己決定未來的方向。在成長的道路上,父母也需要加以監督和引導,並在必要時提供一些幫助和鼓勵,讓孩子的天性得到正確的釋放。我們不能強求蘋果樹上能結出芒果,而是應該想辦法讓蘋果樹上結出的蘋果又大又甜、又香又脆。教育也是一樣,父母必須以尊重孩子的性格和天性為前提,對其加以正確引導和培養,這樣才能培養出一個心理健康、勇於擔當的孩子。父母必須明白,性格有內外向之分,但絕無優劣之分,每種性格都有自己的優勢。

第 9 章　接納不完美─過多期待會毀掉孩子的自我認同

淘氣不是錯，乖寶寶未必更好

　　孩子淘氣，往往是受到好奇心的強烈驅使。而在淘氣的過程中，他們也暗藏著求知的渴望，希望能透過對事物的觀察、碰觸、聆聽以及聯想，使視覺、觸覺、聽覺、嗅覺、味覺都得到鍛鍊和發展。也正是在淘氣的過程中，由於經驗的累積，他們的思維和創造能力才有所提高，才認識了這個五彩斑斕的世界，並逐漸從無知變為博學，從懵懂變得明白，從幼稚變得成熟。

　　可是，在大多數父母的眼裡，孩子淘氣卻是一個令人頭痛的問題。他們認為淘氣的孩子不聽話、調皮搗蛋，不僅會帶給自己很多麻煩，還會成為「破壞大王」。所以，父母便經常習慣性地對孩子的淘氣行為加以指責。殊不知，孩子淘氣不是錯，乖寶寶未必更好。為什麼這麼說呢？因為淘氣的孩子有時要比那些乖寶寶更有創造力、更有潛力。

　　淘氣是孩子的特點，是他們成長過程中一個逐漸發展的過程。義大利著名教育家蒙特梭利認為，孩子只有在適宜的環境下，透過自身活動才能獲得知識以及全面的發展。她說：「孩子的吸收性心智、敏感期和自發性活動都是內部的因素。這些內部因素要得到發展，需要適宜的環境，孩子要與環境相互作用，潛能才能得到發展。」可見，要想讓孩子的

潛能得到充分的發展，孩子所處的環境是非常重要的。這就要求父母為孩子提供一定的空間，鼓勵並賞識孩子「淘氣」，讓他們在淘氣的過程中與環境發生互動作用。

但是生活中，很多父母總是習慣於把孩子的淘氣當作犯錯來糾正，對他們橫加指責。他們整天告訴孩子這個不能碰、那個不許做，一味地限制和束縛孩子的行為，甚至對淘氣的孩子施以體罰。這樣的行為，不僅會阻止孩子的好奇心、扼殺孩子對事物的探索欲，還會打擊孩子的自信心。誠然，在父母的這種嚴厲管教下，孩子可以變成一個乖寶寶，但也很有可能因為自身的能量得不到積極有效的釋放而產生恐懼、壓抑等心理，進而變得內心封閉、不諳世事，並影響自身個性發展。父母應該明白這樣一個道理，孩子淘氣時，或許就是他對一件事情的專注力特別集中的時候，同時也正是他的智力得到開發的最好時間。所以，父母千萬不要去束縛孩子的淘氣行為，而應該最大限度地去幫助孩子發揮出他的潛能，並鼓勵孩子去做自己喜歡的事情就好。

我們先來看一下，關於孩子淘氣，陶行知先生有什麼建議。

有一位母親帶著她 10 歲的兒子找到了著名的教育家陶行知先生，希望陶先生能夠「救救」自己的淘氣孩子。這位母親說：「這個孩子非常淘氣，家裡的東西都被他拆卸得七零八落的，很多都不能用了。打也打了，罵也罵了，可是他的這個

第9章 接納不完美—過多期待會毀掉孩子的自我認同

毛病就是改不掉，越長大還越淘氣。前幾天又將他爺爺祖傳下來的懷錶弄壞了。唉，這孩子太淘氣了，我真的是不知道該如何去管教了。」

陶行知聽完後，微微地笑了一下說：「懷錶壞了是小事，還可以再修好。可是未來的發明家很有可能就在妳的責罵下消失了。」

這位母親有些驚愕，似乎沒有明白陶行知的意思。

「你知道孩子為什麼這麼淘氣嗎？為什麼總是喜歡拆卸家裡的東西嗎？為什麼完好無損的東西到了他的手裡就殘缺不全了嗎？」陶行知問道。

這位母親依舊一臉茫然，表示自己從來沒有思考過這些問題。

「孩子拆懷錶，說明他對這塊錶產生了強烈的好奇心，所以想拆開一探究竟。他想憑藉自己的想像力把拆開的懷錶重新組裝起來，但結果卻失敗了。」陶行知接著說，「既然孩子好奇，那麼妳就可以把孩子和懷錶一起帶到鐘錶鋪，請鐘錶師傅修理，讓妳的孩子在一旁看著如何修理。這樣鐘錶鋪就成了孩子學習的課堂，而鐘錶師傅就成了教書先生，妳的孩子就成了學生，修錶的費用就成了學費。而妳孩子的好奇心也可以從中得到滿足，而在學習的過程中，或許他還真的可以學會修錶了。妳看，這樣兩全其美，何樂而不為呢？」

可以說，淘氣是大多數孩子的天性，是任何一個孩子在生理、心理發展到一定程度時必然會出現的一種成長現象。

> 淘氣不是錯，乖寶寶未必更好

一般來說，淘氣的孩子往往比那些循規蹈矩的孩子思維更活躍，更具有創造力，意志也會更加堅強。此時，倘若父母能善於引導，那麼淘氣的孩子將很有可能成為一個有卓越成就的人。

那麼，面對孩子的淘氣，父母應該如何去正確地引導孩子往好的方向發展呢？以下幾點建議將能有效地幫助到你。

1. 為孩子開闢一片屬於他自己的小天地

讓孩子擁有屬於自己的小天地，裡面所有的物品都要符合孩子的意願，讓孩子在自己的小天地中能充分享受到自由，能自主地進行選擇，做一些自己喜歡的事情。這樣，不僅能充分發揮孩子的主動性，還能使孩子內心感到滿足而輕鬆愉快地投入學習。

2. 丟掉傳統的說教，加一些暗示的藝術

父母在平時教育孩子的過程中，不妨試著丟掉一些傳統的說教，加一些暗示的藝術，並以一種平和的心態來與淘氣的孩子做一些心理遊戲。這樣就可以使「良藥」不再「苦口」，「忠言」不再「逆耳」，而且還能使淘氣孩子乖乖地聽話，從而收穫一些意想不到的效果。

3. 孩子淘氣犯錯時,要給予改過的機會

正所謂「知錯能改,善莫大焉」。當淘氣的孩子犯錯時,父母除了責罵外,也要加以正確引導並給予改過的機會。幫助孩子進行自我反省,從改過自新的過程中領悟出正確的道理。

4. 注意培養和啟發孩子的智力

當孩子由於好奇心的驅使,而把家裡的東西折騰得亂七八糟時,父母千萬不要不問青紅皂白就指責孩子,最主要的是要了解孩子這樣做的原因。

了解了詳細的原因後,父母便可鼓勵孩子發問,引導孩子在淘氣的過程中學會思考,同時也要注重培養和啟發孩子的智力。

發現孩子的優點，鼓勵他發展特長

「望子成龍，望女成鳳」，這幾乎是所有父母共同的心願。他們不願自己的孩子輸在起跑點上，於是不停地替孩子報名補習班來培養孩子。可是，「天生我才必有用」，每個人都有自己的優點和長處，難道你的孩子除了上這些補習班，就真的一無是處了嗎？當然不是了。每個孩子因成長的環境不同，所學到的知識與掌握的技能也是各有千秋。所以身為父母，要善於發現孩子的優點，培養適合他的特長，這樣才能及時把握開發孩子潛能與智慧的機會，才能更好地幫助孩子成長。

但是在生活中，很多父母在教育孩子時，不僅無視孩子的優點，反而還強行把自己的意願強加給孩子，讓孩子按照他們的想法去讀書和生活。這樣做不僅束縛了孩子的正常發展，使其優點得不到很好的發揮，而且還會影響孩子的身心健康。

說到這裡，我們先來看一個案例。

浩浩從小就特別喜歡小動物，他熱衷於研究各種動物的生活習性與成長特點。這個愛好一直持續到了國中也沒有改變，他時常因為觀察小動物而很晚才回家，以至於沒時間完成作業，經常受到老師的責罵。父母為此非常生氣，覺得他

第9章　接納不完美—過多期待會毀掉孩子的自我認同

不務正業，於是便想方設法阻止浩浩往外面跑，經常把他關在房間裡看書寫作業，希望他能收收心。

但是父母這樣做，依然沒有阻止浩浩堅持自己的愛好。他總是趁父母不在家的時候，偷偷地溜到離家不遠的動物園繼續觀察動物。有一次，當他把在外面好不容易才抓住的一隻奇形怪狀的蝴蝶帶回家時，父母卻大發雷霆，訓斥他不應該把這些亂七八糟的東西帶回家。爸爸不僅一腳踩死了蝴蝶，還把浩浩累積了好幾年、視若珍寶珍藏的動植物標本——「百寶箱」摔爛了。那一刻，浩浩的心冰涼到了極點，他覺得自己似乎是一個沒人疼沒人愛的孩子，於是默默地擦掉眼淚，回到房間沉思了一個晚上。

自那以後，浩浩的成績一落千丈，由之前的中等水準滑落到了班級的倒數。不僅如此，當父母與他說話時，他也只用搖頭或點頭來回答，拒絕與父母進行過多的交流。他的父母為此百思不得其解，一度以為是浩浩在學校裡受了責罵所致。可是，經過了解後才知道，正是之前的那次責罵與阻止，迫使浩浩放棄了自己喜歡的事情，讓他感到了生活的無趣，因此自暴自棄。而浩浩的生物老師也說：「浩浩在生物方面的興趣非常濃厚，如果能好好加以培養，將來一定會是一個非常出色的生物方面的人才。」

聽到老師的這番話，浩浩父母悔不當初，陷入了深深的自責與懊惱之中。

發現孩子的優點，鼓勵他發展特長

就如同這世上沒有兩片相同的樹葉一樣，每個孩子的興趣和愛好也是不一樣的，他們也有著不同的想像力和創造力。可能很多父母都和案例中浩浩的父母一樣，從來都沒有思考過這個問題，即自己的孩子在玩的過程中也能體現出他們特有的優勢。所以，他們只看到了孩子在玩，卻忽略了孩子在玩的過程中所學到的知識與能力。

這就導致了很多父母常常盲目地仿效他人，非要讓自家的孩子向別人家的孩子看齊，讓孩子去學習一些看似光鮮亮麗的特長，卻不曾想過孩子是否喜歡、是否擅長，以及孩子真正的興趣是什麼。

其實孩子的特長都是靠父母後天培養出來的，沒有孩子天生就自帶特長。身為父母，應該從每一個貪玩的孩子的行為中仔細觀察，從中發現孩子的優點，鼓勵和支持孩子努力發展自己的長處，而不是一味地橫加干涉或指責、強迫孩子按自己的意願去學習和生活。否則，你的強制干涉只會為孩子的健康成長帶來如下列出的不良後果。

1. 讓孩子失去判斷能力

父母如果過度干涉孩子的喜好與特長的發展，只會造成孩子對自己的特長產生錯誤的認知，認為自己沒眼光、沒能力，並因此而喪失自信，逐漸缺乏對事物的正確判斷能力。

第9章 接納不完美—過多期待會毀掉孩子的自我認同

2. 讓孩子產生反抗心理

有位教育家曾說:「特長是指引孩子發展最好的老師,有了優點和特長的孩子就會學得更輕鬆、更快樂。」如果父母一味地忽略孩子的優點,不從孩子的實際情況去思考,不顧及孩子的內心感受,孩子長期生活在這種壓制下,得不到理解與尊重,內心情感壓抑而得不到釋放,就有可能產生反抗心理,而這對孩子的成長是相當不利的。

身為父母,應該深刻地認知到這一點。但事與願違的是,如今很多父母都喜歡盲目跟風,一廂情願地逼迫孩子去學習他們所認為的具有競爭力的特長。這樣做,不僅達不到相應的效果,反而還會影響孩子對學習的積極性。

那麼,父母究竟該如何去找到孩子身上具有競爭力的優點,並培養適合他們的特長呢?

1. 要相信孩子,對孩子的能力充滿信心

每一個孩子的亮點都是不同的。也許你的孩子在他人眼裡是不被認可的,但是身為父母,你一定要從心裡認可自己的孩子。或許在他人眼裡另類、與眾不同的孩子,日後就會成為眾人仿效的典範呢?身為父母,要從生活的各方面去發掘孩子的亮點與特別之處,並對孩子的與眾不同之處加以培養和保護,讓孩子的才能得到充分發揮與展示。

2. 父母不要盲目跟風，培養孩子的特長要量體裁衣

現在很多父母為了孩子能成龍成鳳，常常喜歡盲目地仿效他人。他們不管孩子喜歡與否，也沒有認真考慮過孩子的實際情況，就逼迫孩子去學習。但實際上，父母應該明白「特長＝興趣＋天賦」的道理，學會量體裁衣，讓孩子在自己感興趣的專業領域內做自己最喜歡、最擅長的事情，這樣才能讓孩子形成最具有競爭力的特長。不然，你的盲目跟風不僅不能培養出孩子的特長，反而還會對孩子造成不必要的痛苦與傷害。

3. 父母要耐心觀察，多給孩子嘗試的機會

兒童文學家認為，人生就是一個放電的過程，人如果在自己的非特長領域放電，就會和機會擦身而過，或者將不屬於自己的機會攬入懷中。只有找到了孩子真正的特長，才有機會讓孩子在自己的特長領域放電，獲得人生的成功。

所以，父母在生活中應該耐心觀察，並多給孩子一些嘗試的機會，這樣孩子的優點才能更好地顯現出來，才能得到更好地培養與發展。

第 9 章　接納不完美—過多期待會毀掉孩子的自我認同

適當的「出格」行為，開拓孩子的特別之處

在如今這個資訊化高速發展的時代，孩子們接觸社會新鮮事物與資訊的管道更廣泛、更多樣化了。面對這個精采紛呈的世界，他們的好奇心很容易被激發出來，容易突發奇想，有意無意地做一些「出格」的事情。

很多父母常常為此感到苦惱，他們甚至嚴厲斥責孩子的「出格」行為。針對這種情況，有教育專家指出：只要孩子的「出格」行為沒有超出正常的限度，父母都應該理性而寬容地對待。如果父母固執地認為「出格」即是犯錯、是破壞規定、是調皮搗蛋而加以責備和阻止，那麼就有可能會因此把孩子的主動性和創造性扼殺在你所劃分的框架裡。

反之，父母如果能夠正確對待孩子的「出格」行為，並對孩子的「出格」行為加以正確引導和指引，從中激發他們的主動性和創造性，培養他們勇於創造的刻苦精神和勇於戰勝困難的勇氣，那麼，「出格」的孩子就有可能被培養成對社會有用的人才。

下面先來看一個案例，或許你會從中得到啟發。

在一次美術寫生課上，老師跟孩子們講述了一個小鴨子的故事，然後又講解了鴨子的一些基本特徵以及畫鴨子的方

> 適當的「出格」行為,開拓孩子的特別之處

法。緊接著老師給了孩子們每人一張白紙,讓孩子充分發揮自己的想像力,在紙上畫一個自己想像中的關於鴨子的故事。孩子們高興極了,一邊說笑一邊開始了他們的創作。

眼看著別的孩子都已經專心致志地畫了起來,可是5歲的妞妞卻一點也不著急。她先是認真地看了看旁邊的孩子怎麼畫,然後轉身又冥思苦想了好久才開始動筆。看著磨磨蹭蹭半天,才畫了半隻鴨子的妞妞,旁邊那些陪同孩子一起寫生的父母們覺得有些詫異,便開始七嘴八舌地議論起來:「這孩子怎麼折騰半天只畫了一個鴨屁股呀!哪裡有鴨子的樣子?」

「就是啊,這麼大一張紙,偏偏中間不畫,非要畫到角落去……」

大家你一言我一語不停議論著,妞妞媽媽見狀,於是有些急躁地對妞妞說:「妳畫的是什麼呀,人家都看不懂。趕快重新畫,聽到沒有?」

老師聽到大家的議論,便趕快跑過來拿起妞妞的畫看了看,說:「大家先別著急,孩子肯定還沒有畫完呢,先讓她慢慢畫。」過了一會兒,大家都畫好了。於是,老師讓妞妞來為大家講述一下她所畫的內容。妞妞說:「我畫的其實是鴨媽媽和鴨寶寶的故事。有天,她們一起出去外面玩,可是小鴨子和媽媽被人群沖散了,於是小鴨子就去找媽媽。牠問青蛙叔叔:『你好!請問你看到我的媽媽了嗎?』青蛙叔叔說沒看到呢!小鴨子又去問烏龜阿姨:『妳好!請問看到我的媽媽了嗎?』烏龜阿姨同樣也說沒看到。小鴨子不停地找啊找,最

第9章　接納不完美—過多期待會毀掉孩子的自我認同

後，終於在小湖邊找到了自己的媽媽。原來，天氣太熱，媽媽在湖裡潛水，所以只露出了一個屁股在水面上。」

這時，大家才恍然明白，原來妞妞畫的鴨屁股是一隻正在潛水的鴨子。聽完妞妞的講解，老師當場稱讚了妞妞的獨特創意，而妞妞媽媽也被孩子這份奇特的想法震驚到了，後悔剛才不該對孩子那麼武斷。

教育專家指出，孩子適當的「出格」行為有利於培養他們的獨立性和求異思維，不僅可以幫助孩子調節自身情緒，同時還有助於開拓孩子的獨特個性。孩子產生「出格」的想法和行為，實際上也是他們內心勇於突破常規的一種表現。因此，對待孩子的「出格」行為，父母不要急於去糾正，而要適當地允許孩子「出格」，哪怕孩子在「出格」的過程中犯了錯，父母也要從中看到孩子的可愛之處。學會耐心傾聽孩子的想法，並運用正確而又合理的方法將孩子的「出格」行為引導到恰當的地方，才會對孩子的成長和進步產生幫助。

雖然說，大部分時候孩子的「出格」行為看起來有些不可思議，但是父母也不可因此一概而論，把孩子的「出格」行為看作洪水猛獸，嚴厲地責罵孩子。畢竟孩子的「出格」行為不能簡單地用對與錯來判斷。因為，從某種層面上來說，孩子的「出格」行為，其實也是孩子體驗生活的一種經歷，並不存在絕對的對與錯。

> 適當的「出格」行為，開拓孩子的特別之處

而伴隨著年齡的不斷增長，孩子的自主意識會越來越強，「出格」也就在所難免。父母如果擔心孩子受到傷害而過分保護的話，那麼就容易使孩子變成蠻不講理的「混世小魔王」，但是如果父母過分壓制，也會因此而阻礙孩子主觀性的培養。那麼，身為父母應該如何正確對待孩子的「出格」行為呢？以下幾點建議可供參考。

1. 正確理解孩子的「出格」

父母要知道孩子的一些「出格」行為，從一定程度上來說其實是對自己生理或心理成熟的一種嘗試與挑戰。所以父母不必過於擔心孩子會因此而學壞，因為這只是孩子個體趨於成熟的一種心理需求與反應而已。

2. 正確應對孩子的「出格」

當父母發現孩子有了「出格」的行為時，需要表明自己的態度來正確應對孩子的「出格」。但是方式與方法非常重要，父母應主動給予孩子一個平等對話的機會，避免因方式錯誤導致誤會加深，傷害孩子的感情，甚至激發孩子的反抗心理，讓孩子走向父母所希望的反面。

3. 用溝通交流走入孩子的心扉

　　面對「出格」的孩子，和他們進行良好而有效的溝通才是引導他們的必要前提。父母應該用一種和藹可親的溝通與交流方式走入孩子的心扉，從中了解他們的想法，進而採取有針對性的、高效的教育方法去加以引導，並學會用一種理性的態度去面對孩子的「出格」，正確地引導他們走向更加精采的人生。

建立自我認同感的基石 —— 鼓勵和肯定

在本節的開頭，我們先來看這樣一個故事：

一位母親去參加兒子的班親會。幼兒園的老師說：「妳兒子有過動症，在座位上連三分鐘都坐不住，建議妳帶他去看看醫生。」

回家的路上，兒子問媽媽，老師說了些什麼。這位媽媽一臉微笑地告訴她的兒子：「老師今天稱讚你了，說你原來在座位上一分鐘都坐不住，現在竟然可以在座位上連坐三分鐘呢！說你比之前進步了很多，其他小朋友都應該向你學習呢！」兒子聽完沒有說話，但那天晚上，他破天荒地吃了兩碗飯，並且沒有讓媽媽餵。

孩子上小學後，有次班親會上，老師把這位母親單獨留了下來，對她說：「全班45名學生，你兒子的成績排在倒數第一，我們懷疑他是不是智力上有些障礙，建議你帶他去醫院檢查一下。」

回家後，老師的這番原話，她並沒有告訴兒子，而是依然面帶微笑地對正在看書的兒子說：「老師對你充滿了信心。他說只要你能再努力、再細心一些，那麼下次考試的時候就能進步呢！」第二天早上上學時，這位母親發現兒子比平時還早去學校。而且從這以後，兒子讀書的主動性與積極性都提高了，好像突然間就懂事了不少。

第9章　接納不完美—過多期待會毀掉孩子的自我認同

上了國中,又一次班親會。這次老師並沒有說任何負面的話,只是告訴她:「以妳兒子現在的成績,想要考上好高中還是有點危險。」聽到這話,這位母親內心欣喜若狂,走出校門後她告訴兒子:「班導給了你很高的評價,他說只要你再加把勁,將來就有希望考上好高中。」

高中畢業後,當兒子把一封印有清華大學招生辦公室的錄取通知書交到這位母親的手裡時,兒子忍不住哭了,他說:「媽媽,我知道我很笨,我不夠聰明,可是妳一直都沒有放棄我,一直都給予我鼓勵與肯定……儘管那些都是騙我的話,但是我依然喜歡聽,因為媽媽說的那些話,就是我學習的動力所在,也正是因為那些話,才促使我在學習的路上不停地奮鬥、不停地進取。」

故事講到這裡,我想問問為人父母的你,你參加過孩子的班親會嗎?當老師質疑你的孩子時,你會和故事中的這位母親一樣,不管自己的孩子表現得如何糟糕,都始終微笑著面對,並鼓勵和肯定你的孩子嗎?

我相信很多父母都不一定能做到,甚至大部分從來沒考慮過孩子的感受與想法。但事實上,孩子在面臨生活與學習的壓力,或做出某一行為時,他們需要得到他人,尤其是父母對自己的認同和肯定。父母的鼓勵和肯定,對孩子來說,就是他們建立自我認同最好的推動力。反之,當父母不斷地責備、否定孩子時,孩子就會逐漸喪失自信,認為自己沒用,並缺乏自我認同感。

建立自我認同感的基石─鼓勵和肯定

何謂自我認同感呢?自我認同感就好比是一種「天生我才必有用」的感覺,同時也是一個人自我認知程度的體現。一個人只有建立了自我認同感,才能更好地建立自信與勇氣。但是自我認同感並不是與生俱來的,需要人們在成長的過程中不斷地累積,並最終形成對自我的客觀認知和肯定。

據一項心理學調查研究發現,生活中有的孩子之所以自我認同感高、為人樂觀積極、勇於挑戰並勇於嘗試一些新鮮事物,是因為他們能經常得到父母的鼓勵與肯定。而那些自我認同感不足的孩子,他們往往得不到父母的肯定與鼓勵,甚至常常被責罵,以至於膽怯懦弱、遇事猶豫不決。可見,父母給予孩子適當的肯定和讚揚,對孩子自我認同感的建立具有重要的正面作用。

哲人威廉・詹姆士(William James)說:「人類本質中最殷切的要求是:渴望被肯定。」而父母對孩子的讚賞與支持就是對孩子最好的肯定,同時也是幫助孩子獲得良好的自我認同感、建立自信的重要條件之一。

那麼父母應該如何做,才能幫助孩子建立和養成良好的自我認同感呢?以下三個方法值得一試。

1. 堅定不移地信任孩子

信任的力量是非常強大的,是給予一個人最大的支持與鼓勵。當孩子得到信任之後,就會變得積極向上。所以不管

第 9 章　接納不完美—過多期待會毀掉孩子的自我認同

外界如何質疑你的孩子，父母首先要做的便是堅定不移地信任你的孩子，認可他、讚賞他、鼓勵他、糾正他，幫助孩子從中建立起自我認同感。

2. 幫助孩子正視錯處

「知錯能改，善莫大焉。」人的一生犯錯是難免的，更何況是孩子呢！當孩子做錯事情後，父母的責備會讓他們的內心產生恐慌，並失去前進的方向。此時父母應該想辦法幫助孩子正視自己的錯處，讓他們勇於承認並改正。

3. 鼓勵孩子自我肯定

孩子內心的脆弱會導致他們想法飄忽不定，極需要得到外界的不斷強化。所以，父母應該不斷地鼓勵孩子自我肯定。

強化孩子自我肯定的方法有很多，可以讓孩子為自己準備一本「功勞簿」，記錄下每天有意義的日常。比如，幫媽媽掃地掃得很乾淨、今天作業比昨天提前了十分鐘完成等。不需要是多麼了不起的成就，只要是生活中一點小小的進步都可以記錄入冊。用這種方式來不斷地激勵、肯定孩子，讓孩子覺得你對他的做法是完全讚賞的、支持的，讓孩子在生活中不斷地建立起自我的認同感。

第 10 章
原生家庭 ——
解開束縛在孩子身上的枷鎖

「我愛你,我做的一切都是為了你好!」這是許多父母的口頭禪。為了讓孩子更好地成長,他們總是不顧孩子的感受、不考慮孩子的實際情況,對孩子寄予厚望,推著孩子不斷前行。事實上,孩子的成長不應該是被動的,而應該是主動的。充分尊重和理解孩子,不責怪、不苛求孩子,解開原生家庭束縛在孩子身上的枷鎖,放開手讓孩子在寬鬆愉悅的環境下健康地成長,這才是愛孩子的最高境界。

第10章　原生家庭—解開束縛在孩子身上的枷鎖

望子成龍，也要考量孩子的實際情況

「望子成龍，望女成鳳」是許多父母的普遍心態。很多父母在孩子小時候就給予了不同的期望，希望孩子能一一去完成。但是，你有沒有想過孩子的感受呢？或許在孩子的心裡，你的期望就像是一座大山，狠狠地壓在了他們稚嫩的肩膀上，壓得他們喘不過氣來⋯⋯為人父母都希望自己的孩子能成龍成鳳，這本是無可厚非的，但是這一切都必須以現實為基礎，以尊重孩子為前提，要依照孩子的實際情況。你不考慮孩子的實際情況與心理感受，就寄予孩子過高的期望，孩子可能真的承受不起。

曾經在網路上看到過這樣一則新聞，新聞的標題很搶眼，是「少年神童為什麼會退學？」，內容大致如下：

一位少年神童，在他上小學三年級時，就已經在父母的安排下，利用空閒時間自學完了國中階段的全部課程；六年級時，他又自學完了全部高中課程。13歲時，這位少年神童被一所知名大學破格錄取。這位少年的父母在得知這一喜訊後，欣喜若狂，奔走相告，不停地向周圍人炫耀著他們的神童兒子是如何聰明。

由於兒子年齡小，這位父親便決定辭去現有的工作，全程陪讀，輔導兒子的學業。然而，就在少年神童讀大二時，

望子成龍，也要考量孩子的實際情況

他並沒有像大家期望的那樣，優秀地完成學業，成為一名對社會有貢獻的傑出青年才俊，而是被學校退學了。學校希望父母能把孩子接回家，並詳細解釋了原因：第一，孩子太小，除了讀書，其他一切生活都不能自理，已經嚴重影響了他人；第二，行為舉止怪異，社交能力低下，經常與同學發生衝突。可是，當學校把退學處理的通知告訴這位少年神童時，他卻一臉平靜，並不為此而感到可惜。因為，他心裡始終認為，讀書不是為了自己，是為了滿足父母的期望，現在讀不下去了，傷心的只是父母，自己退不退學都無所謂。

看完這個案例，身為父母的你，是否為此而感到可惜呢？毫不誇張地說，這個少年神童的遭遇就是目前大部分家庭教育的前車之鑑。父母的全力支持與百依百順雖然培養了一個學業上的神童，可是也造就了一個缺乏自理能力、心理扭曲、只為父母讀書的「傻孩子」。

父母大都「望子成龍，望女成鳳」，可是再多的期望也要考量孩子的實際情況。畢竟每個孩子的先天資質與後天接受能力都不同，差異是必然存在的。倘若父母不顧孩子的興趣與喜好，僅憑自己的一廂情願去強制性地逼迫孩子學習，那麼勢必會造成孩子的逃避與反抗行為，且對日後的發展造成一定的影響。畢竟這世間萬物都有其特有的自然規律，就像蝶蛹只能靠自己破繭而出才能蛻變成蝴蝶，種子需要用力衝出泥土的包裹才能重獲新生，孩子的成長也是一樣，如果父

母不考慮孩子的實際情況,只顧著對孩子實施揠苗助長的教育方式,那麼最終的結果只會傷害到孩子。

正所謂凡事有度,切忌過猶不及,物極必反,孩子的教育亦是如此。有一位教育家曾說,父母教育孩子不應該一開始就明確目標,將其培養成科學家或藝術家等,而應該以把他培養成圓滿的人作為目標。至於將來孩子是成為教育家、政治家、科學家,還是藝術家,這些問題都應該留給孩子去思考,讓他們自己去選擇。因此,父母不妨適當降低對孩子的期望,合理地為孩子減壓,試著讓孩子輕裝上陣。或許卸下了你給的重擔,他們會走得更穩、更快、更輕鬆呢!在教育孩子的問題上,父母所有的期望都應該與孩子達成一致,考量孩子的實際情況。因人而異、因年齡而異、因環境而異,因材施教。唯有這樣才能獲得孩子的認可,才能促使他們從內心認同,並心甘情願地接受父母的期許,才會願意為之付出努力。那麼身為父母,應該如何合理掌握對孩子的期許呢?

1. 擴大期望面,不將期望局限於某一領域

父母不應該把對孩子的期望全部寄託在學業上,以智商的高低、學業成績的好壞來作為衡量孩子成才與否,或將來是否擁有大好前途的標準。

> 望子成龍，也要考量孩子的實際情況

俗話說：「三百六十行，行行出狀元。」如果發現孩子在讀書方面實在是不能達到自己的期望，父母不妨鼓勵孩子走另一條路。比如，鼓勵孩子發展一些自己感興趣的特長和愛好。擴大對孩子的期望面，不將期望局限於某一領域，這樣才能幫助孩子更好地成長。

2. 對孩子的期望應符合孩子的能力與興趣愛好

孩子也是一個人，一個獨立的個體。所以父母在期望孩子「成龍、成鳳」的同時，千萬不要按自身的喜好與意願去逼迫孩子，而應把期望建立在符合孩子的能力與興趣愛好的基礎上，綜合去評估孩子的特點、性格、興趣、特長，並考量孩子的實際情況，客觀而理性地尊重孩子的身心發展，切不可揠苗助長，更不要過嚴、過度地去對孩子施加過多的壓力。

總之，在孩子成長的過程中，父母不管對孩子有什麼樣的期望，都應該順其自然地按照孩子的實際情況發展，積極引導孩子去發揮自己的潛能與優勢，鼓勵孩子在自己喜歡與擅長的領域內闖出一片自己的天地，成就更好的自己。

第 10 章　原生家庭－解開束縛在孩子身上的枷鎖

成績好並非唯一出路

在當今社會的激烈競爭面前，父母們都想讓孩子贏在起跑點上，都希望為孩子爭取到更優質的教育資源。在這種壓力下，他們在培養孩子時也變得越來越功利。這種功利心違背了讓孩子快樂成長的初衷，也讓父母們感到很無奈。

想讓孩子玩，但又怕耽誤了課業，於是孩子的課外活動只能是「對學習有益」的，課外書籍只能是參考書，連朋友也必須是成績好的。這樣的「玩耍」對孩子來說並不是快樂與放鬆，而是另一層「枷鎖」。

有些父母常常掛在嘴邊的一句話就是「你現在的任務就是讀書，其他什麼都不用管」，在他們的觀念中，孩子只要努力讀書，考上好大學，就一定能擁有美好的未來。

事實真的如此嗎？當然不是！一個孩子的健康成長，是多方面共同發展的結果。父母一味地追求成績，忽略孩子的身心健康和心智發展，這種急功近利的教育方式對孩子的成長是極為不利的。而且，每個孩子都有自己的長處和性格特點，他們不一定會按父母設定的道路去發展，也不是每個孩子都會成為父母所期待的「明星」，他們會有自己的道路，會取得屬於自己的成就。

但是，在父母的強勢和壓力下，許多孩子不得不放棄了

成績好並非唯一出路

自己真正的夢想、違背自己的意志，變成父母想要的孩子。努力學習也不再是為了自己，而是為了父母的期望、父母的夢想。背負著這樣沉重的壓力，父母和孩子都感到痛苦不堪。我們知道名校是有限的，這樣的現實決定了只有少數人能考入名校。但是，考入名校真的是唯一的成功道路嗎？考入名校是獲得幸福快樂的唯一途徑嗎？答案顯然是否定的。要知道，社會上有各行各業，成功的標準有千萬條，幸福人生的道路也有千萬條，何必走入死胡同呢？讓孩子多一些選擇，給孩子多一些尊重，放下功利心，也許孩子會收穫更多的快樂，更好地成長！

我們先來看下面這個案例。

小明是一名插畫家，從事這份職業是出於他自己的興趣，對美術的熱愛讓他在事業上取得了不錯的成績。小明從小就喜歡畫畫，學業成績並不是很好，但是父母從不給他過分的壓力。當他考試成績不理想時，父母也從不過分責備他，而是耐心地為他分析原因和提供幫助。當小明的父母發現了他在繪畫方面的天賦和愛好時，便積極為他找老師，幫助他發展自己的興趣愛好。

在學業方面，父母也從不過多干涉，在高中升學時，小明選擇了藝術方向。在考大學時，小明憑著自己優秀的術科成績考上了頂尖的藝術大學，走上了藝術的道路。大學畢業後，小明選擇成為一名專業的插畫家，創作了許多優秀的作品，也有了自己的名氣。小明找到了自己的興趣所在，並得

第 10 章　原生家庭―解開束縛在孩子身上的枷鎖

到了父母的支持。正是因為他選擇了自己熱愛的專業，他才會全心投入其中，在自己擅長和熱愛的領域做出成績。

1996 年，聯合國教科文組織提出教育的四大支柱，即學會求知、學會做事、學會共處、學會做人。教育的目的絕不僅僅是提高學業成績，學會求知才是最重要的，只有掌握了學習的能力、具備了求知欲，孩子才能感受到學習帶來的快樂和成就感，才能自覺自發地學習。當壓力變成動力，刻苦學習、提高成績就不再是孩子的負擔，而是他競爭的優勢。

要知道，成績好不是唯一的出路，因此父母不要急功近利，而應該尊重孩子的興趣和選擇，並為孩子提供幫助和引導。

每個孩子都應該擁有一個幸福快樂的童年，都應該有自己的夢想，而不是背負著父母的期望，成為讀書的機器。父母在教育孩子時，要尊重孩子的天性和身心發展的規律，不要急功近利、揠苗助長。

或許，下面的建議可以給大家一些啟發。

1. 不要對孩子有超出實際情況的期待

如果孩子的實際情況與父母的期待之間有較大的差距，那麼父母就會陷入焦慮中，這種焦慮也會影響到孩子。當父母為孩子設定期望值時，應該考量實際情況和孩子本身。

2. 對孩子多一些耐心

學習是一個循序漸進、厚積薄發的過程,家長不要幻想孩子一夜成才,要有耐心等待孩子的成長和進步。

3. 讓孩子有自由發展的空間

父母可以對孩子提出要求,幫助他們規劃方向,但也要告訴他們不要害怕挫折和失敗,只要努力就有收穫,不一定非要當第一。畢竟,讀書不是唯一的出路。

4. 教會孩子如何生活

父母都希望孩子能有幸福快樂的人生,那麼就應該告訴孩子如何去生活,讓孩子開闊視野,學會與人相處、溝通和合作,讓孩子在課外生活中透過鍛鍊獲得幸福生活的能力,培養他們的責任感,讓他們能在成長的過程中掌握好自己的人生,獲得幸福和快樂。

第 10 章　原生家庭—解開束縛在孩子身上的枷鎖

別讓愛成為負擔，解開孩子成長的枷鎖

世間的愛有很多種，但唯有父母對子女的愛，是最真切、最濃烈、最炙熱的。孩子從來到世界的那一刻起，便被父母的愛緊緊包圍，在父母的愛及溫暖的呵護中，孩子逐漸感受到這個世界的美好與精采。但是凡事過猶不及，有時候過分的關注和愛護會讓父母對孩子的愛成為一種負擔，讓孩子在這份沉重的關愛下感到疲憊不堪。

曾在網路上看過一則〈10歲女孩跪求父母離婚〉的新聞，大致內容如下：

一個10歲的小女孩每天都在父母的嚴厲關愛下生活著，沒有自由，沒有朋友，一言一行都受父母的掌控，事無鉅細都要向父母彙報，這樣的生活讓她感到窒息和壓抑。於是她對經常吵架的父母說：「我希望你們能早日離婚，脫離苦海，這樣我就只需要跟其中一個人生活了，這樣就會少一個人來管我，我也能脫離苦海了。」

儘管這個理由荒唐可笑又令人心酸，卻值得所有父母深思和反省！

孩子是一個不斷成長的個體，對於他而言，「愛」得太深只會束縛他的自由發展，對他的成長沒有任何好處。很多父母常常對孩子說「我愛你，我做的一切都是為了你好」，

可是,你以為的愛,尊重孩子的天性和意願了嗎?如果你沒有尊重孩子的天性,沒有了解孩子的意願,那麼你所謂的愛就是自私自利的,就是套在孩子身上的一副沉重枷鎖,會讓他透不過氣來。「尊重」這個詞,並不是嘴巴上說說而已,得靠行動!缺乏有效的行動,即使你天天掛在嘴邊說「我愛你,我尊重你」也沒有意義。

這也是為什麼有些孩子對父母的愛不接受、不領情的緣故。因為孩子接受了愛,就等於接受了壓力和負擔──他們必須竭盡全力去努力打拚以達到父母的要求,才算是不辜負父母的良苦用心,才算是對得起父母。

相信下面這個案例能給父母一些啟發。

王飛從小便生活在一個幸福美滿的家庭中。他的爸爸事業有成,是一家大公司的老闆,媽媽則全職在家照顧一家人的生活起居。每當王飛放學回到家,隔著走道就能聞到家裡面飯菜撲鼻的香氣。晚上一家人溫馨地坐在餐桌上一邊吃飯,一邊閒聊著生活中的點滴趣事,別提多開心了。

可是好景不長,這種溫馨的畫面在王飛上國中後就被無情地打破了。媽媽開始不停地關注他的課業,替他報名各式各樣的補習班、請家教,希望王飛能好好學習,考上好高中。不僅如此,媽媽還剝奪了王飛讀書之外的一切愛好,甚至美其名曰:「所做的這一切都是為了你好。」

可惜,在媽媽無微不至的關愛下,成績平平的王飛並沒

第 10 章 原生家庭—解開束縛在孩子身上的枷鎖

有因為額外的補習而取得進步,反而還從之前的中上程度下降到了中等程度。

這是怎麼一回事呢?原來,王飛心裡非常清楚自己目前的程度,對於媽媽揠苗助長式的教育方式也是完全不贊同的。可是當他聽到父母討論生意難做、賺錢不易時,他的內心又感到十分慚愧。他覺得對不起父母為自己創造的良好物質條件,於是,他只好把對父母的愧疚壓抑在心裡,默默地承受著。可是他的內心越壓抑,在課業上就越缺乏興趣。久而久之,在這種壓力下,王飛開始害怕媽媽對他的關愛、害怕與媽媽交流、害怕考試,更害怕考差之後爸爸媽媽失望的眼神⋯⋯

愛原本是一個溫暖的字眼、一分純粹的關懷。可是,為了讓孩子不輸在起跑點上,父母一邊在孩子身上傾注太多的關愛,一邊不停地對孩子施加壓力,不停地對孩子說:「你要爭氣,要努力,我這麼辛苦都是為了你!」

殊不知,當父母自認為在「無私」地愛著孩子時,已經悄無聲息地替孩子套上了一副沉重的愛的枷鎖。「子非魚,安知魚之樂?」,又「安知我不知魚之不樂?」所以,為人父母請不要再一味地對孩子說「為了你好」,而不顧及孩子的感受了,千萬不要讓原本溫柔而又美好的愛,成為孩子成長的枷鎖,那樣的愛毫無意義。

有位著名少兒教育專家曾說:「過高的期望,帶來孩子的

無望;過度的保護,帶來孩子的無能;過分的溺愛,帶來孩子的無情;過多的干涉,帶來孩子的無奈;過多的指責,帶來孩子的無措。」毫不誇張地說,在父母這種過度的關愛、保護、干涉、指責下長大的孩子將來是很難有所成就的,因為他們缺乏足夠的歷練與堅強的品格。

孩子總有一天會長大,會脫離父母的懷抱。當這一天逐漸來臨時,父母對孩子的愛就應該做到適可而止。不責怪孩子,不苛求孩子,掌握好愛的分寸,不讓深切的愛成為孩子人生的沉重枷鎖,這才是父母愛孩子的正確方式。否則,即使你一心一意地為了孩子好,孩子也不會對你感恩戴德。正如某位教授所言:「無論是對朋友還是對親人,都應該掌握一個分寸,適度為最好。」

人世間最美好的情感莫過於父母對子女的愛,相信許多父母都曾對孩子說過「為你好」,但父母又是否知道,你從來不曾考慮孩子的內心感受,這就好比他人硬塞給你一束外表嬌豔欲滴的鮮花,卻從不考慮你是否會對花粉過敏一樣。這種以愛為名的枷鎖,孩子稚嫩的肩膀承受不住,也扛不起來,只會造成孩子的心理傷害與負擔。

所以,父母應該充分尊重、理解孩子。別再「愛」得那麼深,解開孩子成長的枷鎖,放開手讓孩子在寬鬆而愉悅的環境下健康地成長,讓孩子的個性得到充分的釋放與自由的發展,這才是愛的真諦與本質,才是愛的最高境界。

第 10 章　原生家庭—解開束縛在孩子身上的枷鎖

別讓父母的意願強加給孩子

傳統文化講究傳承，以至於很多父母在教育孩子的過程中常常會抱著這樣一種期待：希望自己當年沒有實現的願望，孩子能代替自己去實現；自己努力打拚沒有得到的，孩子能代替自己擁有。但是這世間，幾乎沒有人喜歡被迫去做自己不喜歡的事，或接受他人強加的意見，成人如此，孩子更是如此。

每個人都希望能按照自己的願望做事，希望別人在提出要求前能詢問並徵求一下自己的意見。然而事與願違，生活中總有一些父母出於自己的主觀願望，把自己的興趣和意願強加給孩子，卻從不聽從孩子的意見，還美其名曰「我這麼做都是為了你好」。實際上，這種做法是完全錯誤的，不僅會使孩子產生反抗心理，還容易傷害到彼此間的感情。

下面案例中的婷婷媽媽就是這樣做的。

長相漂亮、身材苗條的婷婷，從小就特別喜歡跳舞，為了能在舞蹈方面有所成就，她還參加了課外的舞蹈班。但是，隨著學業的逐漸增加，媽媽擔心跳舞會影響到孩子的學業成績，便決定退了婷婷的舞蹈班，改報英語和數學，幫助孩子提高學業成績。於是，不管婷婷如何不願意，媽媽都堅決不允許她再去學舞蹈了，並說：「跳舞又不能當飯吃，妳還是踏踏實實地

別讓父母的意願強加給孩子

讀好書吧,為將來考個好大學早些做準備才是!」

對於媽媽所報名的這些補習班,婷婷並不感興趣,每天的補習對她來說就像是一種煎熬,壓得她喘不過氣來。發展到後來,為了逃避上課,也為了躲避媽媽的監督,婷婷便經常撒謊,放學不回家而躲在外面玩。結果一個學期結束下來,婷婷的成績絲毫沒有進步,母女間的感情也開始出現了隔閡……

某教育研究員認為:「現代父母普遍重視孩子的課外教育,但是對教育的理解有些偏差,把教育的內涵理解得太狹窄,一提教育就非得把一些技能、技巧、本領連繫在一起,其實教育的核心目的就是促使孩子身心健康發展。正因為父母不知道教育的核心目的是促進孩子的身心健康發展,所以,他們就本末倒置地按照自己的意願去替孩子安排不同的讀書任務。」

很多父母往往自認為經驗豐富,以為孩子只有在自己的經驗庇護下,才能有效地透過捷徑通往成功的彼岸,才能過得幸福與快樂。但他們卻忘了,孩子也是一個獨立的個體,有思想、有靈魂,他也渴望透過自己的切身體驗和感受去更好地認知這個世界,從不斷的歷練中獲得寶貴的人生經驗。

一位心理學家曾說:「如果父母為了達到某些私人目的,而把孩子當作自己的私有物品並且加以施壓控制,那麼孩子成長的自然規律就會被無情地打亂。我們不能違背這種生命

的初衷，不管在任何時候都必須尊重孩子的意願，讓其健康快樂地成長。」所以，為人父母請相信並尊重自己的孩子，不要過多地去追求分數和技能，不要用你狹隘的定義去束縛孩子的發展。父母的意願不該強加給孩子，不然只會給孩子更多的壓力，造成他情急下倉皇逃離的不良局面。

誠然，父母教育的初衷都是好的，都是愛孩子的，但是你的孩子並不是你，你可以給他全部的愛，卻代替不了他的思想。因此，為人父母，凡事應該多考慮孩子的感受，學會換位思考，學會站在孩子的角度去分析和理解他的意願與想法，並給予尊重，讓孩子在規則中找到自己的前進方向，讓孩子盡情地發揮出自己的才能，健康而快樂地成長。

那麼，父母在生活中如何才能不把自己的意願強加給孩子呢？或許你可以這樣做：

1. 把期望合理地傳達給孩子

每個孩子都有自己的願望，他們也會為了自己願望的達成而努力打拚。所以，父母應該理解並尊重孩子的願望，採取合理的方法，將期望的目標傾注到孩子的思想中，而不是違背孩子的意願，強行把自己的意願施加給孩子。要知道，父母的期望只有化為孩子的願望和興趣才算是合理的、有效的，才能更好地幫助孩子成長。

別讓父母的意願強加給孩子

2. 不可濫用父母的權威

　　為人父母，千萬不要抱著「你是我生的，你就要聽我的」的想法去教育孩子，更不要濫用父母的權威去壓制孩子，強迫孩子做一些不願意的事。即使你的要求是正確的，也要注意方式與方法，充滿耐心地去引導，絕不能一意孤行，用強迫與權威逼迫孩子就範，不然只會適得其反。

3. 鼓勵孩子發展自己的願望

　　愛孩子就請相信自己的孩子，讓孩子在一種輕鬆愉悅的關愛下實現自己的願望，而父母要做的，就是給予鼓勵、支持、愛護和幫助。哪怕孩子在實現願望的道路上跌跌撞撞、艱難前行，父母也要相信，穩定的心性和自然累積的自信一定可以幫助孩子實現自己的願望。

4. 無為而治

　　無為而治就是指父母要根據孩子的實際情況和發展趨勢加以正確引導，千萬不要強迫他們去做一些不想做、不願做和做不了的事情，以免引發衝突或對孩子的心理造成不良的影響。

　　這世上沒有不愛孩子的父母，為了孩子的幸福，很多父

第 10 章　原生家庭—解開束縛在孩子身上的枷鎖

母恨不能傾盡所有，奉獻出自己的一切。但「己所不欲，勿施於人」，愛孩子就請站在孩子的角度去思考問題，以孩子的需求為前提，而不是把自己的意願強加給孩子，造成孩子心裡的負擔。父母們不妨改變傳統的、錯誤的教育方式，尊重孩子的意願，讓孩子健康無憂地成長。

降低期望值,讓孩子休息一下

在本節開始之前,讓我們先來看這樣一個案例:

黃小文今年10歲,上小學四年級。他是一個性格內向,並且不善言辭的孩子,所以平時很少主動與同學們交流,也沒有什麼親近的朋友。最近一段時間,他的成績不僅直線下降,而且人也越發孤僻了。每天寫完作業,他就把自己關在房間裡一個人靜靜地發著呆。

到底是什麼原因導致小文出現了這種情況呢?原來,問題就出在小文爸爸身上。小文的爸爸性格很木訥,因不善與人交往,導致工作也不太順利。因此,鬱鬱不得志的爸爸就把自己全部的期望都寄託在了兒子身上。他經常對小文說:「你一定要努力,為爸爸爭口氣呀!」

小文的爸爸對孩子的成績相當看重。每天小文一回到家中,就會被爸爸逼著去寫作業,作業做完了還得做一些額外的練習題。在這種高壓政策下,小文徹底失去了自由,連一點玩耍的時間都沒有。在爸爸嚴格的管教和極大的課業壓力下,孤獨的小文內心情感無處宣洩,以至於整天胡思亂想,對讀書提不起任何興趣,成績也就直線下滑。

上述案例中的小文之所以會出現這樣的問題,實際上就是因為父親對他的教育方式出現了問題。進一步說,也就是父親對他的期望值過高所引起的。

第 10 章　原生家庭—解開束縛在孩子身上的枷鎖

　　某教育機構對 800 名孩子的父母進行的一項問卷調查結果顯示：超過 95％的父母都希望自己的孩子能拿個大學文憑，而對孩子就業期望最高的行業依次是：醫生、工程師、教師、公務員、技術人員、作家、翻譯等。於是，在父母過高的期望下，孩子頂著極大的壓力，背負著沉重的心理負擔艱難前行著。當孩子經過不斷的努力，還是沒有達到父母的期望時，就會對自己的能力感到質疑，從而動搖自己的信心，甚至出現悲觀厭世、心情憂鬱等一些嚴重的後果。

　　雖然，父母期望孩子成才的心情可以理解，但是，並不是對孩子的期望越高，孩子就越成功。更多的時候，父母過高的期望值會帶來孩子的無望，成為孩子前進途中的阻力。

　　很多父母總是忽略孩子的成長需求，要求孩子按照自己為他們規劃的人生去執行，卻從不曾考慮過孩子的實際發展情況，這其實是害了孩子。孩童期正是孩子信任、自主、進取、勤奮等一系列人格形成的關鍵時期，倘若在這個時期，父母不停地催促孩子去做超出他們身心發展和能力的事情，就會使他們產生過多的羞愧、內疚、自卑、無能和不信任感。

　　因此，父母對孩子的要求與期望必須符合孩子的年齡特徵和個性特徵，父母應該考量孩子的生理、心理、性格、智力等多方面，為孩子創造一個輕鬆愉快的成長環境，不要讓

降低期望值,讓孩子休息一下

孩子稚嫩的肩膀去承受過高的期望。

關於期望值,有位企業家曾經說過這樣一段話:「有期望值是好事,因為它代表著你對於某件事情有熱情、有激情、有付出、有行動,但是如果你定的目標過高,其結果若不盡如人意,則會令你失望、失落,久而久之,你的自信就會大打折扣。」他還表示,「理想的情況是,對於任何事情,你可以定目標,但建議結合自身的實際情況來定,適當降低期望值,這樣即便是結果讓你不滿意,也不至於會過多左右你的情緒,不會讓你的信心受損嚴重,下一次,你會以更好的心態去努力、去駕馭,不斷完善自己,有了這樣的心態,你會離目標更進一步,也會過得更快樂一些。」

為人父母,誰都期望自己的孩子「成龍、成鳳」,成為一個傑出的青年才俊。然而人與人之間存在著個性的差異,正所謂「人心不同,各如其面」。並不是所有的孩子都是郎朗,能成為鋼琴家;也不是所有的孩子都是比爾蓋茲,能成為世界首富⋯⋯承認個性差異,這是一個不得不面對的事實。雖然從某種情況來說,父母對孩子寄予的期望也可以變成一種鼓勵,成為孩子奮發向上的動力,讓孩子建立足夠的自信。但是很多時候,期望卻會成為壓在孩子肩上沉重不堪的壓力。因為期望越高,則希望越大,失望也會越大。

所以,父母不妨試著去降低自己對孩子的不切實際的期

第 10 章　原生家庭─解開束縛在孩子身上的枷鎖

望值,根據孩子的具體能力與實際情況做出合理的安排。無論是生活、學習還是工作,抑或是夢想,把期望值降低一點,讓孩子休息一下,補充完能量再精神抖擻、全力以赴地發揮出自己的才能去做好每件事,這樣不是更有效率嗎?

降低期望值，讓孩子休息一下

國家圖書館出版品預行編目資料

名為愛的囚籠,別讓錯誤的教育成為孩子的枷鎖:父母不是溫室,孩子也並非花朵!過度養育讓孩子變得脆弱無能,該如何正確去愛,才能讓孩子成長茁壯?/ 陳文姬 著. -- 第一版. -- 臺北市:樂律文化事業有限公司, 2025.03
面; 公分
POD 版
ISBN 978-626-7644-76-8(平裝)
1.CST: 親職教育 2.CST: 子女教育 3.CST: 家庭教育
528.2　　114002143

名為愛的囚籠,別讓錯誤的教育成為孩子的枷鎖:父母不是溫室,孩子也並非花朵!過度養育讓孩子變得脆弱無能,該如何正確去愛,才能讓孩子成長茁壯?

作　　者:陳文姬
發 行 人:黃振庭
出 版 者:樂律文化事業有限公司
發 行 者:崧博出版事業有限公司
E - m a i l:sonbookservice@gmail.com
粉 絲 頁:https://www.facebook.com/sonbookss/
網　　址:https://sonbook.net/
地　　址:台北市中正區重慶南路一段 61 號 8 樓
8F., No.61, Sec. 1, Chongqing S. Rd., Zhongzheng Dist., Taipei City 100, Taiwan
電　　話:(02) 2370-3310　　傳　　真:(02) 2388-1990
律師顧問:廣華律師事務所 張珮琦律師
定　　價:375 元
發行日期:2025 年 03 月第一版
◎本書以 POD 印製